LA LUZ ETERNA
ETERNA
DE JUAN PABLO II

LA LUZ ETERNA

DE JUAN PABLO II

Valentina Alazraki

 Planeta

Diseño de portada: Claudia Safa
Fotografía de portada: © Gianni Giansanti/Sygma/Corbis/Latinstock
Diseño de interiores: Beatriz Díaz Corona

© 2010, Valentina Alazraki

Derechos reservados

© 2010, Editorial Planeta Mexicana, S.A. de C.V.
Bajo el sello editorial PLANETA M.R.
Avenida Presidente Masarik núm. 111, 2o. piso
Colonia Chapultepec Morales
C.P. 11570 México, D.F.
www.editorialplaneta.com.mx

Primera edición: octubre de 2010
Séptima reimpresión: septiembre de 2011
ISBN: 978-607-07-0552-6

Impreso en los talleres de Litográfica Cozuga, S.A. de C.V.
Av. Tlatilco núm. 78, colonia Tlatilco, México, D.F.
Impreso y hecho en México – *Printed and made in Mexico*

Índice

Idea de santidad en Juan Pablo II

" En estos 25 años, usted, como Vicario de Jesucristo en la sucesión apostólica, ha recorrido incansablemente el mundo, no sólo para llevar a los hombres el Evangelio del amor de Dios encarnado en Jesucristo, más allá de todo confín geográfico; usted ha atravesado también los continentes del espíritu, a menudo distantes unos de otros y contrapuestos entre sí, para acercar a quienes estaban lejos y reconciliar a quienes estaban separados, y dar cabida en el mundo a la paz de Cristo. Se ha dirigido a jóvenes y ancianos, a ricos y pobres, a gente poderosa y humilde, y ha demostrado siempre —siguiendo el ejemplo de Jesucristo— un amor particular por los pobres y los indefensos, llevando a todos una chispa de la verdad y del amor de Dios.

Ha anunciado sin miedo la voluntad de Dios, incluso allí donde está en contraste con lo que piensan y quieren los hombres.

"Como el apóstol san Pablo, usted puede decir que no ha tratado nunca de adular con las palabras ni ha buscado jamás ningún honor de los hombres, sino que ha cuidado de sus hijos como una madre. Como san Pablo, también usted se ha encariñado con los hombres y ha deseado hacerlos partícipes no sólo del Evangelio, sino también de su misma vida. Ha aceptado críticas e injurias, suscitando, sin embargo, gratitud y amor y derribando los muros del odio y la enemistad. Podemos constatar hoy cómo usted se ha entregado con todo su ser al servicio del Evangelio y se ha desgastado totalmente por él. En su vida la expresión *cruz* no es sólo una palabra. Usted se ha dejado herir por ella en el alma y en el cuerpo. Al igual que san Pablo, por el Cuerpo de Cristo que es la Iglesia, usted soporta los sufrimientos para completar en su vida terrena lo que aún falta a los padecimientos de Cristo."

En este mensaje dirigido por el cardenal Joseph Ratzinger, ahora Papa Benedicto XVI, en ocasión de los 25 años de pontificado de Juan Pablo II, se encuentra la esencia misma de la santidad del Papa polaco.

El mundo no se ha olvidado de Juan Pablo II. Con el pasar de los meses y los años, su figura incluso se ha vuelto más fuerte. Lo extrañamos porque, por primera vez detrás de un Papa, descubrimos a un hombre, a un ser humano marcado por el dolor desde temprana edad y, por lo mismo, sensible al sufrimiento de los demás.

Conocimos al principio de su pontificado al Papa joven, lleno de energía, carismático, deportista, bromista, guapo, políglota y gran comunicador. Lo seguimos en sus peregrinajes por el mundo y en sus batallas por la paz y la justicia, y por el reconocimiento de la dignidad de todo ser humano, independientemente de su raza, religión o estatus social. Compartimos con él el único atentado logrado contra un Papa, su paulatina decadencia física, sus intervenciones quirúrgicas por múltiples problemas de salud, y la batalla que, sin rendirse, libró hasta el fin contra el mal de Parkinson, que borró uno tras otro todos los dones que Dios le había dado.

Al principio de su pontificado, no pensamos en él como en un futuro santo. Se imponía como un nuevo profeta que iba por el planeta con su báculo, predicando a veces en el desierto, no por ello con menor fuerza; al contrario, con mayor ímpetu, para que Dios volviera a ocupar el lugar que merecía en el mundo, ya fuera en los países comunistas o en aquellos donde el capitalismo deshumano lo había desplazado. Vimos cómo, sin miedo alguno, libraba batallas impopulares en favor de la vida y la familia; cómo le pedía a los hombres que no tuvieran miedo de aceptar a Cristo en sus casas y en sus sociedades; cómo, siguiendo las huellas de Moisés, intentaba llevar de la mano a la humanidad hacia el tercer milenio, porque ésa era, le dijeron el día de su elección como Papa, la misión que Dios había pensado para él.

Tres años después de su elección, lo vimos desplomarse en el jeep blanco a bordo del que recorría la Plaza de San Pedro, bajo los tiros del terrorista turco Alí Agca, quien le disparó con una única intención: matarlo. Lo vimos, después de estar entre la vida y la muerte, en la cama de la habitación del Hospital Gemelli, que se convertiría en el "Vaticano número 3"; escuchamos su voz, muy débil por cierto, dándole las gracias a la Virgen de Fátima que, en el día de su fiesta, había desviado la bala que lo habría podido matar, y escuchamos de él algo aún más importante: el perdón a su agresor.

A partir de ahí empezamos a vislumbrar que detrás de ese hombre fuerte, con una personalidad poliédrica, impactante, había algo más.

Con el pasar de los años, fuimos entendiendo que el secreto de esa fuerza se encontraba dentro de él. Palpamos que lo que animaba todas sus acciones era la fe, una fe granítica que a su vez era la fuente de su esperanza, de su caridad, de su fortaleza, de su humildad; en definitiva, de todas las virtudes que un santo debe ejercer en forma heroica.

La fase de su vida en la que más tuvimos la impresión de estar ante un hombre santo fue la última, de casi 10 años, durante los cuales su fuerza física lo abandonó, pero su fuerza interior lo sostuvo.

Fuimos testigos de cómo en todo momento se entregó a la voluntad de Dios, sin bajarse en ningún instante de la cruz, porque Cristo —solía decir cuando se hablaba de su posible renuncia— no se bajó.

Lo que más me impresionó fue esa entrega total hasta el momento final de su vida. En los últimos dos meses de su existencia, Juan Pablo II compartió el calvario de Cristo, pero, aun tres días antes de morir, se asomó a la ventana de su habitación, mudo y sufriendo terriblemente, e impartió como pudo su última bendición a centenares de personas que se habían reunido en la Plaza de San Pedro, en espera de verlo por última vez. Y, a pesar de los indecibles sufrimientos, se asomó porque era miércoles, día de la tradicional audiencia general: para no defraudar a las personas que habían ido al Vaticano. La gente entendió que una vez más se estaba entregando, que su sufrimiento no contaba ni podía ser un freno para estar en contacto con los fieles. Estuvo en la ventana pocos minutos, intentando pronunciar por lo menos una palabra, pero no pudo. Ésta es una de las imágenes más fuertes de las miles que vimos durante todo el pontificado.

La idea de santidad con la que asociamos a Juan Pablo II es una idea muy humana, que hace que muchos fieles en el mundo tengan la impresión de que no ha muerto y que de alguna manera sigue acompañándonos. En el corazón de millones de personas hay un pedacito de él, de su voz, de sus enseñanzas, de sus gestos, de su humanidad, de la forma en que en la oración se abandonaba a Dios, de la manera en la que llevó la cruz, de su mirada que, en medio de un millón de personas, te hacía sentir que te miraba sólo a ti, de la radicalidad evangélica que demostraba en cualquier situación.

Su santidad consistió en mostrarnos el rostro humano de Dios, en asumir una paternidad universal, en acercar el cielo a la Tierra, para que todos participáramos del misterio de la fe.

Todos los que lo conocieron, de cerca o sólo de lejos, se sintieron impresionados por la riqueza de su humanidad, por su plena realización como ser humano; pero es todavía más significativo que esa plenitud de humanidad coincida, al final, con su relación con Dios; en otras palabras, con su santidad.

Lo innegable es que Juan Pablo II está vivo. Vive en la historia del siglo xx e inicio del siglo xxi, de los que fue un indiscutible protagonista; en nuestra memoria; en los corazones de los que le conocieron; en la fe de los que le siguieron; en el amor que le dio al mundo y que el mundo le sigue devolviendo y en la esperanza de los que siguen viendo en él una roca, una guía y un protector.

Semblanza del postulador

Slawomir Oder nació en Polonia en 1960. De joven había sentido la llamada, la vocación. Cuando acabó la preparatoria, en 1978, estuvo a punto de entrar en el seminario, pero en octubre de ese año eligieron a Juan Pablo II y pensó que no era el momento de tomar una decisión tan importante porque había demasiada euforia, demasiado entusiasmo. Pensó que tenía que dejar pasar esa ocasión tan significativa para poder tomar una decisión con más calma, en un estado de ánimo más sereno. Se inscribió en la Universidad de Gdansk, en la Facultad de Economía y Comercio Internacional, en parte para darle gusto a su padre, que quería que hiciera una carrera. La cursó durante tres años.

El joven Slawomir se encontraba en Gdansk cuando surgió el movimiento de Solidaridad, el primer sindicato independiente del Este europeo, para muchos, la semilla sembrada por Juan Pablo II durante su primera visita a Polonia, en 1979. En diciembre de 1981, pocos días antes de la proclamación del estado de guerra por parte del general Jaruzelski, a raíz del grave enfrentamiento con Solidaridad y de las supuestas amenazas soviéticas de invadir Polonia, Slawomir salió del país para alcanzar a su familia en Argelia, donde su padre trabajaba como ingeniero. Tendría que haber salido el día 17, pero por una serie de circunstancias salió el día 10. Dos días más tarde decretaron el estado de sitio y cerraron las fronteras. Slawomir y su familia no pudieron volver a principios de año como lo tenían planeado; se quedaron en Argelia hasta junio. Fueron meses decisivos para Slawomir. Ahí formó un pequeño grupo de jóvenes polacos a los que daba clases, y volvió a acercarse a la oración y a la contemplación. Ese periodo, me dijo, fueron seis meses de ejercicios espirituales. Tuvo la impresión de que el Señor le dijo: "Me has huido hasta este momento, ya no vas a poder hacerlo". Cuando volvieron definitivamente a Polonia, tomó la decisión de entrar en el seminario. El rector le permitió concluir la universidad. Se graduó en 1985, y ese mismo año su obispo lo envió al seminario polaco de Roma. Recuerda la entrada en el seminario como un momento de gran felicidad, una felicidad que no se acaba hasta la fecha, me dijo, porque se siente plenamente realizado en el sacerdocio.

A lo largo de su vida, monseñor Oder ha tenido algunas intuiciones que bien podríamos llamar premoniciones. Una la tuvo al entrar en el seminario en Polonia.

"Mi vida no será aquí, sino en Roma." Otra, el día de la muerte de Juan Pablo II. Le vino a la mente la beatificación del Papa polaco y se dijo: "Yo la haré". Cuando el cardenal Camilo Ruini, vicario del Papa para la ciudad de Roma, le llamó en el Vicariato donde llevaba años trabajando en las causas de anulación matrimonial, para él se trató de una sorpresa a medias. "Me da vergüenza decirlo —me dijo un día sentados en su casa, saboreando un dulce típico de Tornow, que Juan Pablo II adoraba—, pero cuando me llamó, sabía lo que me iba a pedir. Estaba preparado." Debido probablemente a su discreción o a una cierta forma de timidez, y al no estar acostumbrado a vivir bajo reflectores, al inicio de la causa no había revelado estos sentimientos. A quien le preguntaba su reacción ante el nombramiento, siempre contestaba con humildad que "había sido una gran sorpresa".

Para monseñor Slawomir Oder, ser el postulador de la causa de beatificación de Juan Pablo II fue una aventura extraordinaria. "Yo pertenezco a la generación Juan Pablo II, que identifica su vida con el pontificado de Juan Pablo II. La historia de mi vida y de mi vocación están relacionadas con él. Yo vivo esta causa como un don de Dios."

Entre esas dos intuiciones claves, que acabaron cambiando su vida, hubo cerca de 20 años en los que el joven seminarista y luego sacerdote polaco tuvo la oportunidad de conocer a Juan Pablo II.

Lo que más le llamó la atención, la primera vez que lo vio en el seminario polaco en Roma, fue su mirada penetrante.

En la vigilia de una Navidad, monseñor Dziwisz llamó al seminario para invitar a los seminaristas y sacerdotes que no habían vuelto a Polonia a pasar la Navidad con el Papa. Lo que le impactó en esa ocasión fue el deseo de familia que tenía Juan Pablo II. El encuentro fue totalmente familiar y se advertía que el Papa necesitaba ese calor, esa sensación de estar en familia. Se sentó en un sillón frente a una mesita donde se encontraban los dulces de Tornow recubiertos de chocolate, muy apropiados para el invierno. Todos cantaron canciones navideñas y partieron el *oplatek*, el pan de la temporada.

En otra ocasión, años más tarde, recibió una invitación a cenar con el Papa. Era la primera vez que entraba en su comedor y lo que le impactó fue la sencillez del lugar, su humildad, su pobreza. No parecía en absoluto estar en un departamento papal. La cena también fue muy sencilla. Cuando finalizó, el Papa pasó por la cocina para agradecer a las monjas. Lo mismo hacía cuando visitaba el seminario polaco. Siempre pasaba por la cocina para despedirse de las monjas y darles las gracias. Era muy conmovedor.

Monseñor Slawomir Oder en los años de la causa llegó a sentir envidia por todos los que le escribían para decirle que habían soñado con el Papa, que habían sentido su presencia, que habían recibido una gracia. "Yo nunca lo soñé, no he tenido experiencias místicas con él; sin embargo, he sentido siempre, aquí en mi casa o en la oficina, su presencia discreta." La sintió en momentos difíciles, como cuando, después del inicio de la causa de beatificación, a su padre le diagnosticaron un tumor maligno. Lo descubrieron muy a tiempo, lo operaron y no fueron necesarias ni la quimioterapia ni las radiaciones. En su recuperación vio la mano de Juan Pablo II.

También sintió su presencia en las dificultades personales que vivió en estos años. Un amigo le había dicho: "Prepárate, porque cuando trabajas en contacto con la santidad, inevitablemente aparece el diablo". Le dio incluso la oración de León XIII que se utiliza para los exorcismos. "Hubo una época —me reveló— en que tuve que recurrir muy seguido a esta oración. Sentí el ataque del demonio."

Durante estos años en los que descubrió la forma en la que Juan Pablo II había ejercido la santidad, lo que advirtió con más agudeza fue la vergüenza por ser tan poca cosa, por no vivir ninguna de las virtudes con el heroísmo de Juan Pablo II, por haber tenido una vida mucho más fácil, con una familia y una situación económica buena. "En una ceremonia de canonización, el Papa comentó en su homilía que los santos están para hacernos avergonzar y para suscitar la esperanza en nuestros corazones."

Ocuparse de la causa fue como pintar el icono de un santo. Para hacerlo es necesario un camino de conversión. Ahora ve de manera diferente su sacerdocio, porque lo hace con los ojos de Juan Pablo II.

En ningún momento se sintió protagonista del proceso. Se entregó totalmente a la tarea con un fuerte sentimiento de gratitud a Dios, por haberle hecho vivir semejante experiencia espiritual, que marcara para siempre su vida sacerdotal.

La mayor dificultad en este proceso fue luchar contra el tiempo y la presión. El Papa Benedicto XVI, al inicio de la causa, le dijo: "Dése prisa, pero trabaje bien". El reto, por lo tanto, era enorme. El grito de *Santo subito!* (¡Santo, ya!) se volvió una presión psicológica muy fuerte, al igual que las preguntas de la prensa mundial y las cartas que llegaban de todo el mundo pidiendo su beatificación.

En su opinión, se ha logrado una causa rigurosa y esencial al mismo tiempo, en el sentido de que hay todo lo que se necesitaba para evidenciar la santidad de Juan Pablo II. Es obvio que se habría podido profundizar mucho más, pero eso, me explicó, podrán hacerlo los historiadores y los teólogos.

Introducción del postulador de la causa

*La santidad es levantar la mirada hacia
los montes, es la intimidad con el Padre
que está en los cielos, y en esa intimidad
vive el hombre consciente de su vida,
que tiene sus límites y sus dificultades.
La santidad es la conciencia de ser
custodiados por Dios. El santo conoce
muy bien su fragilidad, la precariedad
de su existencia y de sus capacidades,
pero no se asusta, se siente igualmente
seguro. A pesar de advertir tantas tinieblas
dentro de sí mismos, los santos sienten
que están hechos para la verdad.*

Palabras de Juan Pablo II
sobre la santidad

Durante el pontificado de Juan Pablo II, todos fuimos testigos de acontecimientos extraordinarios, de modo que lo que vimos en los últimos días de su vida no fue otra cosa que la "cosecha" de su existencia. Él sembró mucho amor; pudo dar a la gente, con el ejemplo de su vida, además del sentido de pertenencia, la certeza de ser amados. En su totalidad, los seres humanos necesitan sentirse aceptados y queridos. Juan Pablo II logró transmitir esta sensación. Encarnó la paternidad universal. Como no todos forman parte de la Iglesia católica, él fue más allá de la pertenencia a ella. Fue el jefe de ésta, sí, pero la apertura de su corazón, de su mente, de sus brazos hacia las personas que no creían o creían en otro Dios hizo que todos se sintieran apreciados y tomados en cuenta. Ésta es la base del consenso universal del que goza.

El cristianismo es la religión de la Encarnación. Juan Pablo II fue Papa, pero también fue hombre. En efecto, vimos de qué manera supo vivir su vida en una forma auténtica, de qué manera logró, como hombre, el ideal de la vida cristiana. En la vida de los santos se ve este horizonte humanístico extraordinario del cristianismo. La santidad no está despegada de la vida de todos los días, sino arraigada en nuestra naturaleza. La gente se dio cuenta de que la santidad de Juan Pablo II pasa a través de la percepción de esta humanidad extraordinariamente rica, profunda, auténtica, vivida con transparencia, sin escatimar esfuerzos ni energías.

Él estaba consciente de esta dimensión humana de la santidad, lo que lo llevó a proclamar muchos beatos y santos. Se le acusó de haber hecho "una fábrica de santos", pero su intención fue demostrar que dentro de todo ser humano hay valores y potencialidades. Se portó como un padre exigente que pide a sus hijos que alcancen metas importantes en el camino hacia la santidad, pero que al mismo tiempo tiene confianza en ellos.

Nos hizo entender que la santidad está al alcance de todos, que no está reservada a unos pocos elegidos. Nos hizo ver que los santos son nuestros vecinos, los que viven en la casa de al lado. Esta confianza en los hombres es maravillosa.

En este proceso no se revelaron cosas extraordinarias o espectaculares de Juan Pablo II. Puede parecer decepcionante, pero lo que salió a relucir fue lo que todos vimos a lo largo de su vida: la claridad y la transparencia de su mirada, la sencillez de sus gestos, la apertura de sus brazos, su forma de rezar. No hubo sorpresas, porque todo lo vivió con una extraordinaria transparencia, todo lo compartió con nosotros como un padre de familia. Hubo quienes lo acusaron de instrumentalizar su enfermedad, de convertirla en un espectáculo mediático. Sin embargo, como era un hombre absolutamente coherente, y había armonía entre lo que pensaba y lo que hacía, aun enfermo mantuvo su deseo de transparencia; pese a que babeaba, no podía moverse ni hablar, seguía siendo él mismo, con toda su carga de humanidad, de su amor por Cristo, a quien parecía decirle en todo momento: "Estoy listo, haz conmigo lo que quieras".

Lo que me llamó mucho la atención fue la profundidad y la seriedad con las que vivía su vida. Era un hombre feliz, realizado, completo. Ésta es la síntesis más bella de su santidad: vivir en forma extraordinaria, con plenitud, la normalidad de la vida. Vivió plenamente su humanidad y su sacerdocio.

La santidad en la vida de Juan Pablo II coincide con la plenitud de su humanidad: el cristiano santo tiene que realizar cabalmente su humanidad en todos sus aspectos. En su vida no hubo momentos oscuros o banales, no hubo zonas sin Dios. Él hizo penetrar a Dios en toda su existencia, que vivió como diálogo con el Señor. Llamaba la atención su respuesta a la llamada que Cristo le hizo de compartir su cruz. La suya era, a través de los desafíos que tenía que enfrentar, una respuesta cotidiana a esta llamada.

En este sentido, y porque su relación con los demás pasaba a través de Cristo —convencido de que en todo encuentro, al igual que en todo suceso, Él estaba presente—, Juan Pablo II era un místico.

También destaca a lo largo de toda su vida la conciencia de ser deudor. Tenía la certeza de que hubo personas que sufrieron en su lugar. Su relación con el mundo judío reflejaba, por un lado, su visión de que todos los hombres son imagen de Dios; por el otro, su conciencia de que este pueblo del que formaban parte incluso amigos suyos había sufrido. Él sentía que ante este sufrimiento tenía que pagar una deuda.

Otra pieza del mosaico de su santidad fue seguramente su relación con la eucaristía, a la que puso en el centro de su vida. Él fue ante todo un sacerdote, que participó en todo momento en el misterio de la fe, de la muerte y Resurrección de Cristo. Benedicto XVI, en uno de los primeros ángelus de su pontificado, se refirió a la unión total de Juan Pablo II con el sufrimiento y el sacrificio de Cristo. Él era feliz de ser un sacerdote, se sentía plenamente realizado. Le prestaba a Cristo sus ojos, sus manos, su lengua, su corazón.

En su santidad destaca la normalidad de una vocación que tiene en su centro el sacrificio eucarístico, la capacidad de ver la presencia de Dios en todo y todos, y la convicción de que la vida es una deuda de amor. Él habla de la santidad como un deber de la justicia, porque en Cristo el hombre es llamado a su plenitud. Al participar en el sacrificio de Cristo, el hombre le devuelve a Dios lo que ha recibido, y la plena justicia se realiza cuando el hombre responde plenamente con la santidad; por eso para Juan Pablo II la santidad que pasa a través de la eucaristía es un deber de justicia.

Todos los testigos que han participado durante el proceso, incluso aquellos de la época juvenil de Karol Wojtyla, hablan de su amabilidad, de su amistad, de su espiritualidad.

En este proceso hubo algo muy curioso. Entre los documentos recogidos y analizados por la comisión histórica, había varias relaciones de los servicios secretos comunistas polacos sobre Karol Wojtyla, desde sus tiempos de seminarista hasta sus años de cardenal, arzobispo de Cracovia.

Lo describen como una persona muy peligrosa porque, desde un punto de vista moral, era alguien con extraordinarias cualidades humanas y espirituales, sin ninguna relación sospechosa o ambigua y sin interés alguno por los bienes materiales. Hablan de él como un verdadero líder, con una gran inteligencia, que no se impone, pero sabe organizar a las personas para alcanzar metas comunes y atraer al mismo tiempo a la gente sencilla, a los jóvenes y a los intelectuales. Se le pinta como un hombre de diálogo, pero al mismo tiempo inflexible, que acepta transigir, pero no sobre las verdades irrenunciables. Ésta era la visión del "enemigo". Con sólo presentarla habría sido suficiente para demostrar que era una persona santa.

Cómo se hace un santo

La beatificación de un Papa

L a Congregación para las Causas de los Santos, a la que durante el pontificado de Juan Pablo II llegaron a llamar "la fábrica de los santos", fue fundada en 1588 por el Papa Sixto V. Su actividad se desarrolla básicamente en dos frentes. Por un lado, tiene que analizar si el candidato a la beatificación vivió en forma heroica las virtudes teologales, cardinales y anexas, es decir: fe, esperanza, caridad, prudencia, justicia, fortaleza, templanza, humildad, pobreza, castidad y obediencia; por el otro, comprobar que exista la fama de santidad, sin la cual no es posible iniciar una causa.

Para el estudio de las virtudes heroicas, la congregación cuenta con 72 consultores teólogos. Después de que una comisión de ellos aprueba las virtudes heroicas, las analizan los obispos y cardenales miembros de la congregación. En caso de opinión positiva, la causa llega a la mesa del Papa para la aprobación del decreto que reconoce la heroicidad de las virtudes. En la segunda fase, ha de examinarse un milagro hecho por el candidato a la beatificación después de su muerte, proceso que llevan a cabo médicos —la congregación cuenta con 60, especializados en las diversas disciplinas— y teólogos. Aquéllos deben asegurar que se dio una curación científicamente inexplicable; éstos, que la curación milagrosa se dio por intercesión del candidato a los altares.

En la historia de la Iglesia católica, de los 263 Papas que ha habido, 81 son santos, es decir, han sido canonizados, y 9, beatos. Las beatificaciones papales más recientes se remontan al 3 de septiembre de 2000, cuando Juan Pablo II proclamó la santidad de Juan XXIII y Pío IX.

En este momento están abiertas tres causas de beatificación de Pontífices: del Papa Pío XII, de Paulo VI y de Juan Pablo II. Las virtudes heroicas del primero fueron reconocidas por Benedicto XVI el mismo día en que reconoció las de Juan Pablo II, el 19 de diciembre de 2009.

De acuerdo con el cardenal José Sarajva Martins, prefecto emérito de la congregación, quien abrió la causa de beatificación de Juan Pablo II, su proceso no fue especialmente complejo, aunque "la causa de una monja de clausura, por ejemplo —me comentó con su habitual sonrisa y buen humor—, es mucho más sencilla que la de un Papa cuyo pontificado duró casi 27 años, con todo lo que esto significa".

"Al tratarse de un Papa —me explicó al recibirme en su casa, a pocos metros de la Plaza de San Pedro—, se necesita de atención y cuidado muy especiales: la Iglesia debe vigilar que surja la verdad, por lo que hay que conocer a fondo a la persona, como hombre, como sacerdote y, naturalmente, como Papa. A la Iglesia en rigor sólo le interesa la verdad histórica, porque hay que evitar que a futuro aparezcan documentos o hechos que no se conocían y que comprometan la idea de santidad. La duración de la causa no cuenta, sino conocer la verdad; eso es lo importante. No es suficiente el 'santo subito'! que todos escuchamos en la Plaza de San Pedro el día de los funerales de Juan Pablo II: la santidad no se hace con eslóganes mediáticos, sino con la absoluta certeza de que el candidato a los altares fue santo, para que nadie contradiga su sentencia.

"El prefecto de esta congregación tiene una enorme responsabilidad cuando le presenta al Papa las virtudes heroicas de un candidato a la beatificación. Como lo más probable es que el Papa avale la decisión tomada por la congregación, hay que estar seguros, al 200%, de que esa persona vivió las virtudes en forma heroica. No se pueden tener dudas; por ello somos muy rigurosos y escrupulosos al examinar una causa, y analizamos todos los documentos."

Sarajva, conocido como el cardenal de la sonrisa, también me explicó que los documentos relativos al periodo en el que un Papa ostentó tal dignidad se encuentran en los archivos secretos, pero que en el caso de Juan Pablo II existe una dificultad objetiva, ya que, de acuerdo con las normas de la Santa Sede, los relativos al pontificado de Juan Pablo II no se abrirán sino dentro de 70 años. Según el prelado éste es, sin embargo, un obstáculo relativo, porque en realidad los actos del magisterio, por ser públicos, ya se conocen. Esto significa, en su opinión, que en los archivos no hay nada que contradiga las enseñanzas oficiales. "Si hubiera algún documento comprometedor, éste saldría durante la causa de beatificación. A lo mejor no se volvería público, pero sería del conocimiento de la congregación. Tenemos que garantizar que cuando se abran los archivos no aparezca nada contrario a la causa. Estamos al tanto de todo y conocemos las razones que llevaron al Papa a tomar una decisión en lugar de otra."

Le pregunté qué contó más en la causa de beatificación de Juan Pablo II, si el hombre o su magisterio, y por qué se considera que en un proceso de beatificación los últimos 10 años de vida son los más importantes.

"En la causa de un Papa —me contestó— cuenta su vida, que luego, obviamente, queda reflejada en el magisterio. La parte más importante en una causa está representada por los últimos 10 años de vida por una razón muy sencilla. Le pongo un ejemplo: si se hubiese juzgado a san Agustín con base en el principio de su vida, nunca habría sido santo. A la hora de la muerte es cuando se hace el balance final de una vida: pude haberme portado mal durante toda ella, pero luego, en la última fase, me arrepiento y me convierto. Sólo al final de una carrera se sabe si uno ha corrido bien o mal. En el caso de Juan Pablo II, sus últimos 10 años coincidieron con su calvario, con su viacrucis en vida, con la fase en la que resultó más evidente para el mundo entero el ejercicio heroico de sus virtudes."

El prefecto emérito respondió con claridad mi pregunta acerca de si un beato o un santo son hombres perfectos, sin defectos o debilidades: "Los santos no son perfectos. No hay un hombre perfecto. Sólo Dios lo es. Los santos no son héroes ni seres extraordinarios, sino personas como todos nosotros, que han intentado ser santos y que, por lo tanto, han vivido plenamente el Evangelio; personas normales, con defectos y limitaciones, que, sin embargo, intentan superarlos a la luz del Evangelio, del cual se vuelven testigos. Por lo que se refiere a Juan Pablo II, siempre tuve la impresión de que realmente era un santo, en el sentido más profundo y auténtico de la palabra. Era un hombre y un santo, esto es, un hombre santo. Entre humanidad y santidad no hay, contrariamente a lo que se cree, distinción alguna. La santidad es la plenitud de la humanidad. El santo es el hombre que la vive plenamente, y Juan Pablo II fue un claro ejemplo de ello".

Seguramente la percepción de esta "humanidad santa" fue el denominador común de todos los que dieron su testimonio para esta causa. Se escuchó a 122 testigos, entre ellos 35 cardenales, 20 arzobispos y obispos, 13 sacerdotes —de los cuales 5 son religiosos—, 3 consagradas, 36 laicos: entre ellos, 6 jefes de Estado y políticos, 2 patriarcas ortodoxos, el primado de la comunidad anglicana y una personalidad judía. A todos se les hicieron 129 preguntas sobre la forma en que, en su opinión, con base en su propia experiencia o por haberlo sabido de otra fuente, Juan Pablo II vivió las diferentes virtudes.

Además, una comisión histórica, integrada por seis historiadores, estudió durante más de un año —desde noviembre del 2005 hasta marzo del 2007— una amplísima documentación relativa a la biografía de Karol Wojtyla y, luego, de Juan Pablo II.

La labor fue enorme, porque su pontificado, largo y rico, se caracterizó por grandes sucesos que marcaron al mundo, en particular el fin del siglo xx. Hubo que analizar una impresionante cantidad de documentos, actos e incluso interpretaciones.

Se trató de un pontificado totalmente diferente, no sólo porque después de 450 años en los que sólo había habido Papas italianos se eligió a un Papa polaco, sino porque ya nada fue como antes. Apenas tres años después de su elección, casi muere bajo los tiros del terrorista turco Alí Agca; en su patria se instaura la ley marcial, tal vez para evitar una invasión soviética, y, 10 años después de su elección, cae el Muro de Berlín, por mencionar algunos de los acontecimientos extraordinarios que le tocó vivir.

A esto hay que agregar que durante su pontificado la Iglesia volvió a asumir un papel protagónico en el panorama mundial.

No obstante, los teólogos, obispos y cardenales de la congregación entendieron que en este proceso no se les pedía un juicio histórico sobre el pontificado de Juan Pablo II, sino emitir un dictamen sobre toda la vida de Karol Wojtyla, desde que era un joven obrero y estudiante, hasta sus años como Papa, pasando por el ejercicio del sacerdocio y su labor como obispo y cardenal en Polonia. Tampoco tenían que pronunciarse sobre su perfección, porque, como dice el cardenal Sarajva, no hay hombres perfectos, pero sí discurrir si la forma en que vivió las virtudes podían hacer de él un modelo de santidad.

Si bien no faltaron los que esperaban de él un comportamiento "perfecto" en todas las circunstancias, y expresaron sus reservas, mayoritariamente prevaleció con fuerza la convicción de que Juan Pablo II se comprometió desde su juventud a vivir coherentemente el

Evangelio y, consciente de sus defectos y limitaciones, tendió a la perfección evangélica. Pudo haberse equivocado en momentos de su vida, pero su buena fe nunca estuvo a discusión.

Una de las peculiaridades de esta causa fue que, por ser muy reciente, todos los testigos escuchados tuvieron de alguna manera una relación directa con Juan Pablo II en alguna de las diferentes fases de su vida. Es decir, tenían informaciones de primera mano y experiencias directas; fueron testigos oculares y, en la mayoría de los casos, colaboradores, que lo vieron actuar y tomar decisiones.

Hubo quienes, debido a la imposibilidad de tener acceso a los archivos, pidieron que no se hiciera una causa "rápida". Sin embargo, fue general el convencimiento de que una vida como la de Juan Pablo II, que por su propia voluntad fue vivida constantemente bajo reflectores, difícilmente puede reservar sorpresas. Si bien nadie descarta que se lleguen a encontrar nuevos documentos, cartas o apuntes de personas que entraron en contacto con él, el sentir común —todos los que votaron a favor de la heroicidad de las virtudes de Juan Pablo II expresaron esta certeza moral— fue que éstos no modificarán en forma sustancial el juicio que se desprende del estudio tanto de su vida como de toda la documentación analizada por la postulación, ni la opinión que el mundo tiene de un hombre que, aun para los servicios secretos comunistas polacos, que lo veían como un "adversario ideológico particularmente peligroso" y, por lo mismo, lo espiaban, era "sociable, directo y modesto, desinteresado de los bienes materiales, dócil y abierto con sus superiores, considerado por todos una persona diligente, dotada, inteligente, racional y de opiniones firmes".

Durante esta causa, hubo quien acertadamente dijo que, de hecho, todos nosotros somos el archivo viviente de Juan Pablo II.

No faltaron controversias durante el análisis de temas, decisiones o acciones, las cuales se recogieron en el llamado IV volumen de la *positio*, considerado secreto.

Las diversas investigaciones realizadas para esclarecer decisiones o actitudes de Juan Pablo II consideradas por algunos como imprudentes o contrarias a la doctrina de la Iglesia determinaron que la mayoría de los casos se trató de gestos de avanzada, mal comprendidos en su momento. Uno de ellos, por ejemplo, el la Jornada Mundial por la Paz, que reunió en Asís a los representantes de todas las religiones y por la que se le acusó de sincretismo; su decisión de pedir perdón por los errores cometidos por la Iglesia a lo largo de la historia, que podía interpretarse como la admisión unilateral de una Iglesia pecadora; el beso al libro del Corán en el curso de una audiencia a una delegación musulmana, y el haber concedido la comunión al padre Roger Schutz, fundador de la comunidad cristiana de Taizé.

También se analizó su relación con la curia, los nombramientos de obispos y colaboradores, el caso del IOR —el llamado *banco del Vaticano*—, sus relaciones con: el padre Maciel; el padre Pío, ahora san Pío da Pietralcina; su amiga de toda la vida Wanda Poltawska, con quien mantuvo una correspondencia durante 50 años; las conferencias episcopales del mundo entero; los judíos, y la Compañía de Jesús, entre otros.

En lo que se refiere a ciertas decisiones y actitudes —e incluso a ciertos nombramientos—, aparentemente contradictorias de lo que fue toda su vida, salió a relucir que en su gobierno no siempre contó con la lealtad y honestidad de sus colaboradores. De acuerdo con un testigo, en una ocasión al darse cuenta de que había sido mal informado, visiblemente molesto dijo: "Si me han mentido, han perdido ya. No soy yo el que guía a la Iglesia, es Jesucristo".

Algunos testimonios refieren, asimismo, que Juan Pablo II no siempre demostró tener un buen conocimiento de las personas, y que en algunas ocasiones depositó su confianza en aquellas que no la merecían. El caso más clamoroso fue el del fundador de La Legión de Cristo.

Durante el proceso quedó claro que la proyección de Juan Pablo II estaba mucho más orientada hacia fuera que hacia dentro de la Iglesia, y que esto hizo que dejara muchas cuestiones de gobierno en manos de sus colaboradores. Un testigo recordó que el día de su elección el cardenal Wyszynski, primado de Polonia, quien lo conocía muy bien, al abogar por que lo votaran, lo describió así: "es un místico, un pastor, un pensador, un filósofo, un santo... pero es un mal administrador".

Durante la causa de beatificación se determinó que, en efecto, Juan Pablo II delegó buena parte del gobierno interno de la curia a la Secretaría de Estado, y que en varias ocasiones, siguiendo el consejo de algunos de sus más cercanos colaboradores, confirió cargos importantes a personas poco dignas desde el punto de vista moral o poco indicadas, dadas sus capacidades intelectuales o prácticas. Los teólogos llegaron a la conclusión de que un candidato a la beatificación no es un superhombre sin defectos o errores, y que un Papa no es un ejecutivo infalible de la Iglesia. El Papa sólo lo es en relación con decisiones doctrinales sobre fe y moral. Un límite para lograr una comprensión de la relación real que Juan Pablo II tuvo con la curia se debió justamente al hecho de que algunos de sus más cercanos colaboradores no fueron —porque así lo quisieron— escuchados como testigos. Es el caso, por citar sólo dos, de los cardenales Angelo Sodano y Leonardo Sandri, ex secretario de Estado y sustituto de la misma secretaría, respectivamente, quienes, sin embargo, enviaron sendas cartas a la postulación en las que reconocen la santidad y el ejercicio heroico de las virtudes por parte de Juan Pablo II.

Si bien estas cartas se encontraban en el IV volumen y debían permanecer en secreto, la del ex secretario de Estado fue publicada por el diario *Il Giornale*. En ella el cardenal Sodano reconoce que la vida de Juan Pablo II fue santa y que a él mismo, en su calidad de funcionario del Vaticano, le tocó comprobarlo durante los 15 años en los que colaboró con el Papa, pero considera que su causa no tendría que ser aprobada antes que las de otros Papas, aún pendientes.

En la causa de beatificación de un Papa, un elemento importante es discernir si una decisión equivocada o controvertida es atribuible al candidato a los altares o a sus colaboradores. En el caso de que con toda certeza se le atribuya a aquél la responsabilidad de un error o de una elección equivocada, hay que establecer la naturaleza de ese fallo: si se relaciona con la falta del ejercicio de la fe, de la esperanza, del amor, de las virtudes cardinales, hay que considerarlo un elemento negativo para el reconocimiento de su santidad; si es atribuible a límites de la experiencia, al intelecto, a informaciones incorrectas, a defectos del carácter, este error no representa un obstáculo a la santidad, a menos que el candidato haya tomado conciencia de estas situaciones y no haya hecho nada para corregirlas. De aquí la convicción de quienes analizaron esta causa y votaron en cuanto al reconocimiento de su santidad de que los únicos documentos que podrían salir a la luz pública en el futuro y poner en duda su santidad deberían ser inherentes exclusivamente al ejercicio de las virtudes y no a alguna decisión operativa. Éstas comprometen la santidad sólo cuando reflejan un compromiso espiritual con el mal y la mentira por parte del candidato. Por estas razones, los teólogos, obispos y cardenales que votaron a favor de la santidad de Juan Pablo II tuvieron la certeza moral de la heroicidad de sus virtudes.

Debido a la importancia fundamental de los últimos 10 años de vida del candidato a la beatificación, los teólogos evidenciaron que es absolutamente impensable suponer que en un hombre que padeció un verdadero calvario, aceptando el sufrimiento porque a través de él participaba en el sufrimiento de Dios, hayan existido sombras graves u ocultadas conscientemente. Desde el punto de vista teológico, donde hay participación en los sufrimientos de Cristo no puede haber, al mismo tiempo, tinieblas espirituales.

Después de su muerte hubo una espontánea manifestación popular en favor de su santidad, lo que hizo que el 3 de mayo de 2005 Camillo Ruini, cardenal vicario de Roma, enviara una carta a la Congregación para las Causas de los Santos en la que anunciaba la intención de la diócesis de Roma, de la que el Papa es obispo, de promover la causa de beatificación y canonización de Juan Pablo II. Diez días después, durante el encuentro con esa diócesis, Benedicto XVI anunció su decisión de permitir que, antes de que se cumplieran los cinco años de espera después de la muerte de Juan Pablo II, —periodo previstos para cualquier candidato a la beatificación—se abriera la causa. El 28 de junio de 2005, en la Basílica de San Juan de Letrán, se abrió oficialmente la causa, en medio de la alegría y la conmoción de miles de fieles.

Durante el proceso, a través del testimonio de los 122 testigos, cobraron fuerza los aspectos sobresalientes de su santidad. El primero de ellos fue su intensa vida de oración. Prácticamente todos afirmaron, con palabras diferentes, que el acercársele equivalía a palpar, incluso cuando te hablaba o te miraba, que era un hombre de Dios que vivía en otra dimensión. Su vida era una oración constante, que duró hasta el momento de su muerte. Las palabras del Papa Benedicto XVI, pronunciadas en ocasión del segundo aniversario de su muerte, son muy reveladoras: "Murió rezando. De verdad, se durmió en el Señor". Muchos testigos evidenciaron su misticismo, el hecho de que todos los días, e incluso varias veces al día, con su oración abarcara todo el mundo. "Cuando el Santo Padre elevaba la hostia —dice su segundo secretario, monseñor Mokrzycki, en su libro *Los martes de Karol*—, la miraba con la más sincera adoración. Sólo estaban Cristo y él. Eran una sola cosa."

Otro elemento de su santidad, en el que coincidió la mayoría de los testigos, fue su abandono total a la voluntad de Dios, reflejado incluso en el lema de su pontificado: *Totus tuus* (Todo tuyo). Brotaba de seguro de su fe, que resultó ser fuerte y auténtica, libre de miedos y compromisos, y fuertemente contagiosa. A lo largo de toda su vida, Karol Wojtyla confió todas las cuestiones difíciles a Dios y a María. No por ello dejaba de hacer todo lo que estaba en sus manos, e incluso más. Llegaba hasta donde podía hacerlo con sus propias fuerzas; luego, lo dejaba en manos de Dios.

También se evidenció su amor por Cristo y los hombres, que fue sin reservas y sin limitaciones. "El perfume de su amor —dijo Benedicto XVI a dos años de su muerte— llenó toda la casa, es decir, la Iglesia". Fue un amor que traspasó fronteras gracias, asimismo, a sus 104 viajes, que todos vieron como una manifestación de su esperanza. Un amor que fue recompensado con el aprecio, el respeto y el cariño de millones de creyentes y no creyentes que lo acompañaron en vida y en el momento de la muerte.

La fuente de su santidad fue, como lo expresó el cardenal Sarajva, su humanidad. Del testimonio de las personas que vivieron con él queda claro que detrás del Papa siempre hubo un hombre que trataba a sus colaboradores como miembros de su propia familia. A pesar de ser un hombre público, como pocos, había momentos en que sólo quería compartir con ellos, como por ejemplo, la oración el 13 de mayo a las 17:20 para recordar el momento del atentado y darle gracias a Dios por haberle salvado la vida; la misa a la medianoche del 31 de diciembre, en la que daba gracias por el año que acababa y confiaba a la Virgen el nuevo año, o la fiesta de san Nicolás, el 6 de diciembre, cuando una de las monjas que lo atendía se disfrazaba justamente de san Nicolás y entregaba regalitos a todos. En esas ocasiones, Juan Pablo II se volvía niño, recordaba su infancia en Wadowice. También los domingos sólo quería estar con sus más cercanos colaboradores, sus secretarios y las monjas del departamento papal. En especial ese día necesitaba un poco de calma y de silencio, teniendo en cuenta que durante toda la semana estaba continuamente rodeado de gente, empezando por la misa de las 7:30 de la mañana en su capilla privada, a la que invitaba, cada día, a 30 o 40 personas. Los que vivieron con él recuerdan las sobremesas con sacerdotes, obispos y cardenales, cuando, tras haber comido en forma parca, con los dedos empezaba a hacer circulitos sobre el mantel para que una de las monjas le llevara uno de sus pastelitos preferidos. Los dulces, sobre todo los polacos, eran su debilidad. Reemoran las comidas y los paseos en Castelgandolfo, cuando iban a verlo sus amigos de juventud. Nadie habría dicho que se trataba de un Papa con sus amigos, al verlos platicar, reír y, sobre todo, cantar durante horas cantos polacos patrióticos o los típicos de los montañeses. Los gendarmes del Vaticano no olvidarán nunca las excursiones que realizaban con él, cerca de Roma, una o dos veces al mes, generalmente el martes, o las que emprendían durante las vacaciones de verano hacia la montaña. Juan Pablo II caminaba con ellos, comía con ellos, sentado en un bosque, donde se sacaban platos y vasos de plástico, bocadillos de jamón y queso, tortilla de huevo, que le encantaba, fruta y a veces algún pastelito. Había un momento, sin embargo, en el que todos se daban cuenta de que había que dejarle solo, porque había llegado la hora de rezar y meditar en contacto con la naturaleza.

En el quinto aniversario de su muerte, al celebrar la misa en su memoria, Benedicto XVI recordó que su predecesor, cuyas virtudes heroicas había reconocido tres meses antes, "se prodigó en proclamar el derecho con firmeza, sin debilidades ni titubeos, sobre todo cuando tenía que medirse con resistencias, hostilidades y rechazos. Sabía que el Señor lo había tomado de la mano, y esto le permitió ejercer un ministerio fecundo, por el cual, una vez más, damos fervientes gracias a Dios". Destacó, asimismo, que "toda su vida se desarrolló bajo el signo de esa capacidad, de entregarse de manera generosa, sin reservas, sin medidas, sin cálculo. Lo que lo movía era el amor a Cristo, a quien había consagrado su vida, un amor sobreabundante e incondicional. Y precisamente porque se acercó cada vez más a Dios en el amor, pudo hacerse compañero de viaje para el hombre de hoy, extendiendo en el mundo el perfume del amor de Dios. Quien tuvo la alegría de conocerlo y frecuentarlo —añadió Benedicto XVI— pudo palpar cuán viva estaba en él la certeza de 'contemplar la bondad del Señor en la tierra de los vivos' [...], certeza que lo acompañó en el curso de su existencia y que, de manera particular, se manifestó durante el último periodo de su peregrinación terrena: de hecho, la progresiva debilidad física jamás hizo mella en su fe inconmovible, en su luminosa esperanza, en su ferviente caridad. Se dejó consumir por Cristo, por la Iglesia, por el mundo entero: el suyo fue un sufrimiento vivido hasta el final por amor y con amor".

La aceptación de la cruz
y la heroicidad de las virtudes

Según monseñor Slawomir Oder, hay una vinculación enorme y significativa entre la aceptación de la cruz por parte de Juan Pablo II y su ejercicio heroico de todas las virtudes.

En su *Positio* (documentación), el postulador recordó por ejemplo que en 1994, después de una intervención debida a la fractura del fémur derecho, Juan Pablo II dejó entrever su progresivo camino espiritual hacia la cruz de Cristo. "He entendido que debo llevar a la Iglesia de Cristo hasta este tercer milenio con la oración y diversas iniciativas, pero he visto que eso no basta: necesitaba llevarla con el sufrimiento, con el atentado de hace 13 años y ahora con este nuevo sacrificio. ¿Por qué ahora? ¿Por qué en este Año de la Familia? Justamente porque se amenaza a la familia, se le ataca. El Papa tiene que ser atacado, el Papa debe sufrir para que todas las familias y el mundo vean que hay un evangelio —podría decir— superior: el evangelio del sufrimiento, con el cual hay que preparar el futuro, el tercer milenio de las familias, de todas y cada una de las familias."

Dos años después, Juan Pablo II fue sometido a una operación por una apendicitis. El Papa sufrió mucho. Al recibir a su portavoz, Joaquín Navarro Valls, le dijo: "Debemos cumplir en nuestra carne lo que le falta a la pasión de Cristo. Seguramente ya todo se ha cumplido, pero siempre puede añadirse algo".

A partir de 1996 el estado de salud de Juan Pablo II comenzó a empeorar debido al Parkinson. Se vio obligado a utilizar bastón y poco a poco se convirtió en un inválido en silla de ruedas. A la madre Tecla, preocupada por su situación, le dijo: "Madre Tecla... he escrito muchas encíclicas y cartas apostólicas, pero me doy cuenta de que sólo con mis sufrimientos puedo contribuir a ayudar a la humanidad. Piense en el valor del dolor sufrido y ofrecido con amor".

En febrero del 2005, durante la última hospitalización, con motivo de una laringotraqueitis aguda y crisis de laríngeo espasmo, Juan Pablo II tuvo que ser sometido de urgencia a una traqueotomía para evitar que muriera sofocado. Al despertar de la anestesia, en un pequeño pizarrón, primero escribió: "¿Pero qué me han hecho?", e inmediatamente después: "*Totus tuus*", volviendo a poner su vida en manos de la Virgen.

La voluntad de Juan Pablo II de asociar su sufrimiento con el de Cristo por el bien de la Iglesia y de la humanidad es, por lo tanto según el postulador de la causa de beatificación, monseñor Slawomir Oder, la prueba decisiva de la heroicidad de todas las virtudes.

En una de sus últimas apariciones públicas, el Viernes Santo del 2005, vimos a Juan Pablo II sentado en su capilla privada, de espaldas, asido de un crucifijo, con la mirada puesta en una pantalla a través de la cual seguía el viacrucis en el Coliseo. Esta imagen podría ser considerada, según monseñor Oder, la síntesis más alta y más significativa de su voluntad de participar en el misterio de Cristo.

Recibir una parte de los sufrimientos de Cristo da por sentado, en primer lugar, un muy elevado ejercicio de la fe. El creer que el sufrimiento —a pesar de representar la privación de un bien— unido a Cristo sea capaz de producir el mayor bien, es decir, la redención, supone una fe muy pura y ejercitada. La aparente contradicción de esta afirmación sólo puede ser superada con el profundo esfuerzo de creer en Dios sin discusión.

En su libro *Memoria e identidad*, Juan Pablo II escribió que "el sufrimiento de Dios crucificado no es sólo una forma de dolor entre otros. [...] Cristo, padeciendo por todos nosotros, ha dado al sufrimiento un nuevo sentido, lo ha introducido en una nueva dimensión, en otro orden: el del amor. [...] La pasión de Cristo en la cruz ha dado un sentido totalmente nuevo al sufrimiento, y lo ha transformado desde dentro. [...] Es el sufrimiento que destruye y consume el mal con el fuego del amor".

Por otra parte, la participación de los sufrimientos de Cristo sólo se da en quien vive habitualmente en forma muy intensa la virtud sobrenatural de la esperanza. La fe hace creer en la paradoja de que del dolor acogido con amor puede brotar un bien para uno y la humanidad, pero sólo la esperanza hace aceptar libremente el sufrimiento sin tener todavía la certeza de las consecuencias positivas de esta actitud. El hecho de querer compartir los sufrimientos de Cristo como actitud de participación en el misterio de la redención es, por lo tanto, un acto de gran esperanza.

Otra virtud que brilla en forma especial cuando un creyente se vuelve sensible a compartir la pasión del Redentor es la caridad. La voluntad de sufrir para compartir las razones y el amor de Cristo que animó a Juan Pablo II se vuelve expresión de su amor apasionado por Dios y sus hermanos.

También se manifestó en él la virtud de la prudencia, porque Juan Pablo II supo intuir que el medio más adecuado para conseguir la salvación de los hermanos era compartir y ofrecer sus sufrimientos en unión con Cristo, aun más que las oraciones u otras iniciativas.

El participar de los sufrimientos del Señor exige también la virtud de la fortaleza heroica. El aceptarlos con amor no significa que no provoquen miedo y dolor. Sólo con un espíritu valiente, que no tema las adversidades, se puede gobernar y dominar el instinto. Juan Pablo II no temía el sufrimiento, incluso se mostraba muy valiente al aceptarlo.

Asimismo, la templanza es necesaria tanto para moderar la actitud natural de evitar los dolores, de quejarse, como para encontrar formas de compromiso.

Finalmente, la disponibilidad a sufrir con Cristo por amor a los hermanos es una clara manifestación de castidad y desapego de los bienes de este mundo. Sólo si se está verdaderamente libre de los placeres de la carne y de los bienes materiales, puede uno disponerse al sufrimiento. En otras palabras, la elección de una vida cómoda y placentera es incompatible con la disposición a sufrir con Cristo.

En su encíclica *Spe Salvi* (sobre la esperanza cristiana), Benedicto XVI escribió que el "sí" al amor es fuente de sufrimiento porque el amor exige siempre renuncias de mi yo. De los testimonios de la causa de beatificación destaca, según el postulador, que a lo largo de toda su vida Juan Pablo II no rechazó ninguna de las posibles renuncias.

Su juventud, su buen aspecto, su pasión por el teatro y sus cualidades intelectuales; la pobreza, la orfandad de madre y padre; las condiciones difíciles en su primera parroquia; el enfrentamiento continuo y asfixiante con los comunistas, las humillaciones dentro y fuera de la Iglesia, los ataques, la enfermedad y la discapacidad total los ofreció con amor a Dios por el bien de la Iglesia. Estos actos, realizados con un espíritu sereno y sonriente, son por lo tanto, según el postulador de la causa, una prueba inconfundible de la heroicidad de sus virtudes.

Fe

La trayectoria ascendente del recorrido de fe de Juan Pablo II, su camino espiritual, es evidente sobre todo en su vida de oración, desde su juventud hasta el último día de su existencia. Él mismo contó en su libro *Cruzando el umbral de la esperanza* que fue su padre quien le descubrió la oración y el misterio de la fe. Su padre era, según el Papa, "un hombre de oración continua" que le enseñó que el Evangelio no encierra la promesa de éxitos fáciles, sino la de la vida eterna. La necesidad del sacrificio y esta promesa representan las dos dimensiones fundamentales de la espiritualidad del joven Karol, y lo serán a lo largo de toda su vida, hasta la muerte.

De esa primera escuela de oración, Juan Pablo II aprendió que rezar representa un ancla de salvación en los momentos difíciles de la vida. Años más tarde, tuvo la suerte de encontrar a otro hombre de profunda espiritualidad, otro laico como su padre que lo ayudó a avanzar en el camino de la oración contemplativa, al introducirlo en el misterio de san Juan de la Cruz. Se trata de Jan Tyranowski.

Muchos testigos en el proceso para su causa de beatificación califican a Juan Pablo II de "hombre de oración". Su deseo de perfección, es decir, de estar en presencia de Dios, encontraba su máxima expresión en su vida de oración.

Sus más cercanos colaboradores declararon que Juan Pablo II parecía siempre estar en presencia de Dios, buscaba en todo momento la perfección espiritual de la vida, pasaba largas horas rezando y tenía una gran confianza en la misericordia del Señor. Su fe impresionaba a todos, era un ejemplo a seguir. El postulador me contó que su fe impresionó fuertemente a los monarcas católicos que se sentían angustiados al verse en la dificuldad de mantenerse fieles a sus valores cristianos en decisiones de gobierno como, por ejemplo, la aprobación de leyes contrarias a la moral católica. El Papa siempre los alentó, incluso a través de su ejemplo, a encontar la fuerza para demostrar esa fidelidad a través de la oración.

El amor de Juan Pablo II por Dios fue evidente. A lo largo de sus años en Polonia y durante su pontificado, se le encontraba muy seguido tirado en el suelo frente al tabernáculo, orando.

De acuerdo con su secretario, monseñor Stanislaw Dziwisz, despertaba a las 5 de la mañana, iba a la capilla a rezar, a las 6 volvía a su habitación para meditar y a las 7 regresaba a la capilla para celebrar la misa. "Juan Pablo II —declaró— era un hombre de oración heroica."

Para sus colaboradores era un misterio que lograra conciliar todos sus compromisos con una intensa vida de oración. Pasaba del trabajo al rezo. Tenía el don extraordinario de sacar de la oración la fuerza y las energías para estar activo todo el día.

La madre Tobiana, quien lo cuidó día y noche en el Vaticano con una dedicación extraordinaria, sobre todo en los últimos años de su vida, contó que Juan Pablo II vivía siempre en unidad con Cristo. Hablaba continuamente con Él de la salvación del mundo. Pedía misericordia para éste. Todos los días con la oración recorría los continentes, los países y las ciudades. Visitaba las nunciaturas, los obispados, los seminarios, los monasterios, las cárceles, los hospitales, los orfanatos, los dicasterios de la curia, a las familias del mundo entero. Estaba siempre en contemplación y a la escucha de Dios. Alguna vez, la hermana Tobiana le pidió que rezara por su mamá. Él le contestó que lo hacía todos los días.

Juan Pablo II nos contó en una ocasión que le llegaban centenares de cartas con intenciones de oración y que él las conservaba en su capilla, en el reclinatorio, para que estuvieran siempre presentes en su conciencia, aunque no las pudiera leer cada día. Las dejaba ahí para que Jesús las conociera. "Esas intenciones —nos comentó— están siempre en mi corazón."

De noche, cuando no lograba dormir, rezaba. Cuando todavía podía caminar, salía a la terraza del departamento apostólico, se arrodillaba en el piso, se apoyaba en la pared y rezaba. Antes de las audiencias entraba en la capilla para rezar largamente. Al pasar cerca de una cruz que se encontraba en la terraza, siempre la besaba. Todos los días, en la capilla, besaba las reliquias.

Era extraordinaria la forma en la que se preparaba para la celebración de la misa. Nunca dejó de decir una. Por la noche rezaba en latín las oraciones de preparación de la siguiente misa y recordaba la intención por la que había celebrado la anterior. Recién despertaba iba a la capilla a visitar al Santísimo Sacramento. Cuando ya no pudo hacerlo, le pedía a una monja que lo hiciera en su lugar. Sus amigos más cercanos, como el cardenal Andrzej Deskur, percibían al verle durante la misa que él ofrecía la ostia y el cáliz, y él mismo era ostia y cáliz para la salvación del mundo.

Juan Pablo II rezaba mucho por los difuntos. Durante sus oraciones, pronunciaba los nombres de los cardenales, los obispos, los amigos, los familiares de sus colaboradores que habían fallecido.

En sus encuentros íntimos con Dios, la figura de María ocupó siempre un lugar privilegiado. Su relación con ella quedó reflejada no sólo en la oración, sino también en las actividades de su vida cotidiana y en su evidente sensibilidad artística.

En las hojas de sus discursos siempre ponía parte de la oración de san Luis Grignion de Montfort: *Totus tuus ego sum et omnia mea tua sunt...* ("Soy todo tuyo y todo lo mío es Tuyo"). Su oración preferida era la del rosario, siempre lo traía en el bolsillo e invariablemente había uno sobre su mesita de noche. Durante el mes de mayo, todos los días cantaba en su terraza letanías a la Virgen de Fátima, frente a una estatua de ella colocada en un pequeño altar.

Por voluntad de Juan Pablo II se construyó en las grutas vaticanas una capilla dedicada a la Virgen de Guadalupe. También mandó construir un mosaico con la imagen de la Virgen Mater Ecclesiae, en la parte exterior del palacio apostólico, para que protegiera la Plaza de San Pedro, después del atentado de 1981.

La Virgen estuvo presente en todos los eventos de la vida de Karol Wojtyla. Fue como una estrella de referencia. Influyó directa o indirectamente en sus decisiones, en su forma de ser y en su relación con los demás.

El postulador de la causa, monseñor Slawomir Oder, evidenció en su *Positio* (documentación) varios elementos que hacen de Juan Pablo II un "apóstol de la fe", un pescador de hombres y una guía de almas de nuestro tiempo.

Su consagración total a María representó un pasaje a la fase madura y consciente de su fe. Frecuentemente, la dimensión mariana de su espiritualidad fue relacionada con los dramáticos acontecimientos de su infancia, cuando muy pequeño perdió a su madre. Su espiritualidad sin embargo se formó en un clima profundamente viril, ya que su primer maestro en la fe fue su padre, el señor Karol Wojtyla, un militar con una fe muy profunda. Él fue quien le inculcó la profunda devoción por el Espíritu Santo y san José. Él lo acompañaba al santuario de Kalwaria Zebrzydowska, a Czestochowa, y él lo inició en la tradicional piedad mariana del pueblo polaco.

A lo largo de sus años como obispo y arzobispo, Wojtyla se iba a Kalwaria, para caminar y tomar decisiones importantes para la vida de su diócesis, sobre todo en la época del comunismo. Años antes, durante su juventud, fue miembro de la Congregación Mariana, de la que incluso llegó a ser presidente. La actividad de esta agrupación contribuyó al desarrollo de la devoción mariana del joven Karol.

Una intensificación muy fuerte y profunda de su relación con María se dio en la época de la ocupación nazi, que coincidió con sus años juveniles, su maduración humana y cristiana, su lucha por la sobrevivencia y el despertar de su vocación.

En esta fase, desempeñó un papel muy importante el humilde costurero Jan Tyranowski, un seglar con una fe muy profunda, que fue guía espiritual para muchos jóvenes. Él le dio a conocer a Karol, mientras éste trabajaba en las canteras, el tratado de san Luis Grignon sobre la verdadera devoción a la Virgen. Además había organizado un grupo de oración del "Rosario viviente", en el cual propiciaba que los jóvenes profundizaran su fe.

El encuentro con Tyranowski fue, de acuerdo con la mayoría de los testigos polacos, determinante en la vida de Karol, porque no sólo lo llevó a profundizar su fe y establecer una relación más personal con Dios, sino al descubrimiento de su vocación sacerdotal.

Juan Pablo II contó, en ocasión de sus 50 años de sacerdocio, que su madre había soñado siempre con tener un hijo médico y un hijo sacerdote. Logró ver al médico pero no al sacerdote, porque murió cuando Karol era pequeño.

El Papa recordó en ese aniversario tan significativo para él que, tras salir de la preparatoria, en 1938, decidió estudiar filología polaca en la Universidad Jagellónica de Cracovia, porque esa materia respondía perfectamente a sus aspiraciones literarias. Pero sus estudios fueron interrumpidos por el estallido de la segunda guerra mundial, en 1939. En septiembre del siguiente año empezó a trabajar, primero en las canteras de piedra y luego en la fábrica Solvay. Ahí descubrió el cansancio físico, conoció a gente que trabajaba duramente, entró en contacto con su mundo, sus familias, sus valores, su dignidad. Descubrió también la solidaridad y la hermandad, porque no sólo no se molestaban por el hecho de que llevara sus libros para estudiar, sino que además lo cubrían para que pudiera hacerlo, sobre todo por la noche.

Él mismo nos contó que su vocación sacerdotal maduró ahí, en medio de esa difícil situación, entre los sufrimientos de su nación y los obreros, con el agotamiento físico y gracias a la guía espiritual de muchos sacerdotes, entre ellos su confesor. En octubre de 1942, se presentó en el seminario mayor de Cracovia y fue admitido. A partir de ese momento, si bien seguía trabajando en la fábrica Solvay, se convirtió en un estudiante clandestino de la Facultad de Teología en la Universidad Jagellónica.

La maduración de su fe y la verdadera devoción a la Virgen, que culminó en su misma consagración, se concretó en la decisión de entrar en el seminario. Con su fe demostró fuerza en la lucha contra el odio y el egoísmo que dominaban a su país. A sus poco más de 20 años decidió seguir el camino sacerdotal y, a pesar de la fuerte persecución que vivía la Iglesia, creyó y confió plenamente en la ayuda divina.

Quienes lo conocieron de joven en Polonia estiman que la soledad que experimentó después de la muerte de su padre provocó que ese muchacho tan profundo sintiera la necesidad de una relación individual y personal con Dios. Seguramente su devoción por María facilitó este camino.

El Pontífice nunca olvidó el día de su ordenación sacerdotal. Cincuenta años más tarde quiso compartir con el mundo su evocación de la conmoción de ese momento. Nos dijo que a partir de esa ceremonia, en la capilla del arzobispo de Cracovia, el cardenal Adam Sapieha se dejó conducir por los caminos que Dios le abrió, día tras día. Recordaba, aún con emoción, el momento en el que se había tendido en el suelo para recibir la ordenación y convertirse así en un hombre de la eucaristía, un hombre del misterio de la fe.

La eucaristía era para Juan Pablo II el momento más importante de su jornada.

El postulador de la causa de beatificación concluyó que fue justamente el profundo y radical estilo eucarístico de la vida del Papa lo que le da a su personalidad un encanto irresistible. Por ser un hombre auténtico, comprometido realmente con su vida sacramental, el Pontífice podía establecer y proponer metas altas a los hombres cuyas potencialidades, a veces escondidas, derivan de ser hijos de Dios, redimidos por Cristo, quien los amó hasta el final y los llamó a la comunión con el Señor y a la vida de santidad.

La conciencia del don recibido transformaba costantemente la vida de Juan Pablo II, marcada por la urgencia de agradecerle a Dios. En su libro *Don y misterio* afirma que en la eucaristía Cristo le devuelve al Padre todo lo que ha recibido. Se realiza así un profundo misterio de justicia de la criatura hacia el Creador. El hombre, por lo tanto, debe rendir homenaje a éste, ofreciendo como un acto de agradecimiento todo lo que ha recibido de Él.

Juan Pablo II pagaba su deuda con entusiasmo y trabajo incansable, con el anuncio constante, en todas las latitudes, de la solidaridad de Cristo con cada hombre, con cada generación, que desemboca en la garantía de la dignidad para todo ser humano. El Papa convenció a los hombres de que Cristo los ama al grado de que se sacrificó por ellos y de que este amor da fuerza. De hecho, en los últimos años de su vida, cuando la energía física le había abandonado, el Pontífice sacaba fuerza interior de la convicción de este amor. Estaba convencido de ser amado. Por ello hablaba del amor de Dios y de la deuda que el hombre amado tiene hacia Él, como testigo y no como alguien que debe enseñar una teoría. Para él, la conciencia de la grandeza del amor de Dios y del valor de cada hombre a los ojos del mismo era la base fundamental de una vida verdaderamente cristiana.

Él sentía que al celebrar la eucaristía lo hacía *in persona Christi*, y ése era el sentimiento que dominaba toda su vida. Nunca dejó de sentirse un hombre elegido entre los demás, para acercar a los hombres a Dios y a Dios a los hombres.

Para él, el sacerdote debía ser ante todo un hombre de Dios que fuera para los fieles un testimonio de lo absoluto y de las realidades invisibles, un hombre de oración, un maestro, un guía y un amigo. Su fe se basaba en esta convicción, y a lo largo de su vida no dejó de ser, ante todo, un sacerdote.

Tampoco olvidó nunca el día de su elección como Papa, el 16 de octubre de 1978. Cuando le preguntaron si aceptaba la elección, contestó que lo hacía "en la obediencia de la fe, frente a Cristo, su Señor, abandonándose a la madre de Cristo y de la Iglesia, consciente de las grandes dificultades".

Todas las personas que concelebraron con él la misa, asistieron a una misa privada donde él oficiaba o, sencillamente, lo vieron orar, coinciden en que rezaba de una forma muy intensa y al hacerlo estaba en contacto con Dios. Todos, incluso quienes no eran católicos, comentaron que se veía en él algo sobrenatural y sentían el estímulo de una mayor espiritualidad. Muchos de sus colaboradores coincidieron en que su religiosidad podría resumirse con el lema de su pontificado *Totus tuus*, pues veía todo a través de los ojos de la Virgen, madre suya y madre de la Iglesia.

El fruto más maduro de su riqueza humana y cristiana se vio de hecho cuando, 40 días antes de morir, tras ser sometido a una traqueotomía, al despertarse sin poder hablar, escribió en una pizarra: "¿Qué me han hecho?... *Totus tuus*".

Según el postulador, la fe de Karol Wojtyla fue una parábola que pasó del entusiasmo juvenil de donar generosamente su propia vida a Cristo por María a la consagración en la entrega total a la Iglesia.

En una ocasión, le preguntaron a Juan Pablo II si en algún momento de su vida había visto a la Virgen. Contestó: "No la he visto, pero la oigo".

Sobre el diálogo entre Juan Pablo II y la Virgen hubo varios testimonios, entre ellos el de un colaborador de Su Santidad quien en el último viaje del Papa a Polonia se encontró con él en la pequeña capilla en la que está la Virgen de Czestochowa. Le tocó arrodillarse muy cerca del Pontífice y se dio cuenta de que mientras rezaba, en algún momento, hablaba en voz alta.

"No sé lo que se dijeron —declaró el testigo—, pero fue un coloquio excepcional. Parecía que no iba a finalizar nunca. Retrasó mucho el programa, pero para mí fue una experiencia extraordinaria."

Resulta muy significativo que el sábado 2 de abril, último día de su vida, Juan Pablo II bendijo cuatro coronas dedicadas a la Virgen de Czestokowa: dos para la de las grutas vaticanas y dos para la del santuario polaco.

Hay una frase que le dijo a un cardenal italiano después de la caída del Muro de Berlín, la cual refleja su plena confianza en la Virgen: "Ella ha hecho lo suyo, ahora nos toca a nosotros".

Sus compañeros en el Colegio Belga de Roma, donde Wojtyla estudió entre 1946 y 1948, recordaron en sus testimonios que cuando lo veían rezar tenían la impresión de ser unos paganos recién convertidos. Según ellos, él estaba abierto de forma natural a la trascendencia. Lo religioso lo traía adentro.

Por lo que se refiere a los sacramentos, como por ejemplo la confesión, varios testigos contaron que cada sábado, durante su pontificado, un sacerdote polaco, que conocía al Papa desde hacía muchísimos años, iba discretamente al Vaticano para confesarlo.

A lo largo de su vida, en los momentos más críticos, Juan Pablo II manifestó su fe y su confianza en la ayuda divina. Esta actitud fue notable después del atentado del 13 de mayo de 1981 y al final de su vida, cuando se convirtió en un inválido.

Monseñor John Magee, quien fuera su secretario aun hasta 1982, recordó que mientras ponían al Papa en la camilla, después del atentado en la Plaza de San Pedro, él estaba impresionado por la cantidad de sangre que estaba perdiendo. Juan Pablo II lo miraba y se dio cuenta de su angustia. Con las últimas fuerzas le dijo: "Padre John, ésta no es la muerte". El secretario quedó impactado por esas palabras porque entendió que, a pesar de estar en el umbral de la muerte, el Papa había tenido la bondad de corazón y la sensibilidad de tranquilizarlo. Pocos días después del ataque, Juan Pablo II le contó a su secretario que en el momento del atentado había creído que era una bomba y que cuando vio que de su mano y de su cuerpo salía sangre, le había agradecido a Jesús por haberle otorgado la gracia de atestiguar con su sangre su fe, en la colina vaticana, y además en el día de la fiesta de la Virgen de Fátima. De hecho, el Papa vivió el periodo de la hospitalización con un espíritu de agradecimiento al Señor por haber sufrido por la Iglesia, y, al igual que Jesús en la cruz, perdonó inmediatamente a su atacante.

Sus más cercanos colaboradores tuvieron la impresión de que después del atentado Juan Pablo II se volvió mucho más contemplativo, porque había tocado la herida de Jesús en la cruz. Se volvió incluso más fuerte y tuvo aún menos miedo al enfrentar las dificultades que se le fueron presentando. Su devoción por la Virgen también se hizo más fuerte, porque estaba convencido de que le había salvado la vida. Juan Pablo II sintió que había vuelto a nacer y había sido devuelto a la Iglesia para que pudiera adherirse, aún con más fidelidad, al plan que Dios había preparado para él. Todas sus palabras después del ataque reflejan su sumisión total a la voluntad de Dios. Puesto que María había desviado la bala que habría podido matarlo, su lema *Totus tuus* debía ser, aún con más fuerza, su programa de vida y apostolado.

Por confiar totalmente en la protección divina, luego del atentado nunca quiso utilizar medidas de seguridad especiales. Rechazó incluso el chaleco antibalas que le habían aconsejado usar para protegerse de posibles ataques, sobre todo en sus viajes. Monseñor Magee recordó que desde el primer momento quedó impresionado por la profundidad de su fe y porque no le tenía miedo a nada.

Los organizadores de los viajes papales me contaron que durante la preparación de la visita a Nicaragua, les informaron que la vida de Juan Pablo II corría un grave peligro y que todos debían usar chaleco antibalas. Al enterarse, el Papa les dijo: "El que quiera llevar el chaleco es mejor que no venga conmigo en este viaje. Estamos en las manos de Dios y Él nos protegerá".

Para comprender la reacción de Juan Pablo II, que podría hacer pensar en una falta de prudencia o de caridad, es importante el testimonio del cardenal Roberto Tucci, entonces organizador de los viajes papales.

El cardenal Tucci, en la fase preparatoria de la visita, había viajado dos veces a Nicaragua y se había dado cuenta de que la situación era muy difícil y podía volverse peligrosa, porque parte de la Iglesia local apoyaba al régimen sandinista y a la llamada Iglesia popular. Juan Pablo II conocía esta situación y cuando sus colaboradores intentaron advertirle de los riesgos que corría, contestó que "tenía que ir a pesar de que probablemente no sería un éxito y seguramente encontrarían muchas dificultades".

"Esta Iglesia —añadió— necesita ser reforzada ahora que vive un momento crítico. Esperamos que lleguen tiempos mejores y que el Papa sea mejor recibido, pero ahora tengo que ir".

El postulador supone, sin embargo, que en la vigilia del viaje los riesgos disminuyeron porque el Papa no habría puesto en peligro a sus colaboradores ni a los fieles.

Recuerdo al respecto que cuando los obispos de Bosnia lo invitaron a visitar Sarajevo, totalmente destruida por la guerra, Juan Pablo II aceptó. En las montañas, sin embargo, aún se disparaba. El cardenal Tucci decidió ir personalmente a Sarajevo para poder explicarle bien al Papa cómo estaba la situación. Al igual que todos los militares, debió llevar casco y chaleco antibalas. El aeropuerto estaba controlado por los ingleses. En la ciudad estaban los soldados franceses. En las calles se veían los tanques de las Naciones Unidas. Los militares estaban a favor de la visita papal, porque pensaban que llevaría un poco de esperanza a las poblaciones. La gente sin embargo tenía miedo, sobre todo a los francotiradores que seguían disparando desde las colinas. Juan Pablo II quería ir a Sarajevo, pero requería garantías para los fieles. No quería que alguien resultara herido o muerto durante su visita. El cardenal Tucci le dijo que no había esas garantías y que se corrían riesgos, ya fuera que celebrara la misa en la catedral, pues enfrente había una plazoleta que podía ser un blanco desde las montañas, o en el estadio, contra el que podía lanzarse una granada, también desde las montañas. En esa ocasión el Pontífice decidió no ir. Afortunadamente logró visitar Sarajevo después, en un momento menos difícil.

En lo que se refiere a su fidelidad a las Iglesias local y universal, el mundo fue testigo de que era extraordinaria. El Papa a veces emprendía viajes para ir al encuentro de minorías católicas casi inexistentes, como fue el caso de su visita a Azerbaiyán, en el 2002, o a las islas más perdidas de algún océano. Para ello, estaba dispuesto a cualquier sacrificio.

Sus viajes eran peregrinaciones a los santuarios del pueblo de Dios, a las Iglesias locales, para que éstas se sintieran parte de la Iglesia universal y darlas a conocer al mundo, con todas sus riquezas espirituales y culturales.

Con su presencia, sus palabras y sus gestos, Juan Pablo II hacía sentir, sobre todo a las personas de las regiones más lejanas del mundo, que eran parte de la Iglesia universal, que se les tomaba en consideración y que para el Papa todos los cristianos, todos los pueblos, incluso los más pobres y los más olvidados, cuentan al igual que los más ricos, los más grandes y los más poderosos.

El organizador de los últimos viajes de Juan Pablo II, monseñor Renato Boccardo, quedó profundamente impresionado de la carga humana y espiritual con la que el Papa se acercaba a las multitudes del mundo entero. Cada uno de sus desplazamientos estaba acompañado por la oración, ya fuera el rosario, el breviario o la Biblia. Al llegar a los distintos lugares, con pocos gestos entraba en contacto con la multitud, a la que hacía sentir inmediatamente su cercanía, así como la importancia que cada una de las personas ahí reunidas tenía para él. Tras algunos minutos de contacto, el Pontífice se arrodillaba frente al crucifijo o a la imagen de la Virgen y se recogía en oración, como si no hubiera nadie.

Uno de sus maestros de ceremonias, monseñor Piero Marini, nos contó que en ocasión de su visita a Pordenone, en mayo de 1992, antes de la celebración de la misa, el Papa fue al sanitario. Al notar que no volvía, preocupado por el retraso en el programa, fue a buscarlo. A través de una puerta medio abierta vio que, apoyado frente al lavabo, el Papa estaba arrodillado rezando.

Por su parte, el cardenal Miloslav Vlk, arzobispo de Praga, contó que durante el viaje del Papa a su país, en 1997, en ocasión del milenario de la muerte de san Adalberto, Juan Pablo II entró en la catedral de la capital checa. A la hora de pasar frente a la capilla del Santísimo, se arrodilló para rezar. Era tal su unión con el Señor que resultaba evidente que para él lo del rededor no tenía ninguna importancia. El cardenal estaba algo impaciente porque llevaban retraso en el programa, pero entendió que no podía hacer absolutamente nada: "Durante esos largos minutos —comentó—, Juan Pablo II estaba totalmente absorto, en plena comunión con Dios".

Otro aspecto de la fe de Juan Pablo II se manifestó en su deseo de elevar a los altares a un gran número de beatos y santos, a pesar de las críticas de la prensa y de algunos colaboradores, que hablaban de una inflación de beatificaciones y canonizaciones.

El Papa pensaba que, existiendo dentro de la Iglesia, la santidad debe mostrarse y, sobre todo, ponerse como ejemplo a seguir para todos los católicos, porque todos pueden aspirar a ser santos. Juan Pablo II consideraba que, más allá de los escándalos y de las críticas a la Iglesia, es necesario presentar personas dedicadas toda su vida a la causa del Evangelio, para demostrar que en la vida prevalece el bien y no las debilidades y los pecados. La conciencia que tenía de la confianza de Dios en el hombre llevaba a Juan Pablo II a promover la santidad como meta superior de la vida cristiana.

El Papa no tenía el sentido de la inflación de la santidad. Él mismo decía que exageraba en muchas cosas, pero que era mejor hacer en exceso que no hacer nada. Todo lo hacía por generosidad y por amor. Para él, las beatificaciones y las canonizaciones eran un deber y un don al mismo tiempo.

Una anécdota refleja la idea que Juan Pablo II tenía de la santidad. En el inicio de su pontificado, al hacer su primera visita a la Congregación para las Causas de los

Santos y recordar las veces que había estado ahí cuando era obispo y arzobispo de Cracovia para promover alguna causa de su diócesis, el Papa le dijo a un oficial del organismo: "En el fondo, es bastante fácil entrar y salir de la congregación de vivo; la verdadera dificultad está en vivir de una manera que te permita entrar aquí de muerto".

La santidad, según él, tiene en la eucaristía su fuente, su sostén y el itinerario que debe recorrer: sólo con la fuerza del amor de Dios, en la conciencia del don recibido, el hombre puede "ser más", incluso a costa de su propia vida. Para Juan Pablo II, la vida eucarística es la vía ordinaria de la santidad del hombre.

El amor que le tenía a México y el reconocimiento de la santidad de muchos mexicanos hicieron que durante su pontificado llenara el cielo de beatos y santos mexicanos.

El regalo más grande que le hizo a México fue seguramente la beatificación y la canonización de Juan Diego, al que presentó como "protector y abogado de los indígenas" por haber sido "el indio predilecto de María". Al elevarlo al honor de los altares, el Papa rindió homenaje a todos los indígenas que acogieron el Evangelio a través de María, que eligió a Juan Diego entre los más humildes para su aparición.

Al mismo tiempo, Juan Pablo II quiso ponerle a los mexicanos un ejemplo a seguir en el camino de la santidad: la beatificación y la canonización de Juan Diego representaron para él un llamado a todos los laicos mexicanos a comprometerse más activamente en la evangelización de México y en "la transmisión de una fe viva y operante en el ámbito de la sociedad mexicana".

Juan Pablo II también convirtió a México, en mayo del 2000, en el país de América con el más alto número de santos, al canonizar en un día enteramente dedicado a nuestra nación dentro del Jubileo a 25 mexicanos que sufrieron el martirio durante la época de los cristeros y a José María de Yermo y Parres, sacerdote fundador de las Religiosas Siervas del Sagrado Corazón de Jesús, y María de Jesús Sacramentado Venegas, fundadora de las Hijas del Sagrado Corazón de Jesús.

De hecho, para Juan Pablo II el Año Santo del 2000 estuvo estrechamente relacionado con su anhelo de santidad para la Iglesia.

"Estamos viviendo el Gran Jubileo del Año 2000. Entre sus objetivos está el de 'suscitar en cada fiel un verdadero anhelo de santidad'. Que el ejemplo de estos nuevos santos, don de la Iglesia en México a la Iglesia universal, mueva a todos los fieles, con todos los medios a su alcance y sobre todo con la ayuda de la gracia de Dios, a buscar con valentía y decisión la santidad."

En la que fuera una fiesta mexicana inolvidable en el Vaticano, Juan Pablo II exaltó el valor de esos modelos de santidad, que "entregaron su vida a Dios y a los hermanos, por la vía del martirio o por el camino de la ofrenda generosa al servicio de los necesitados". Donó a México esos santos, ejemplares por la firmeza de su fe y la esperanza que los sostuvo en las diversas pruebas a las que fueron sometidos, para que su modelo representara un precioso legado para las nuevas generaciones de fieles mexicanos.

"Son santos porque pusieron a Dios en el centro de su vida e hicieron de la búsqueda y extensión de su Reino el móvil de su propia existencia; santos porque sus obras siguen hablando de su amor total al Señor y a los hermanos dando copiosos frutos, gracias a su fe viva en Jesucristo, y a su compromiso de amar como Él nos ha amado, incluso a los enemigos."

En el ámbito de la presentación de la virtud de la fe, el postulador de la causa decidió aclarar algunas actitudes de Juan Pablo II que, analizadas fuera del contexto espacio-temporal, podrían resultar extrañas e incompatibles con el ejercicio heroico de esta virtud. Hubo en efecto, durante su pontificado, ciertas actitudes fuera de lo común, que no tenían precedentes, sacadas a colación por personas dudosas acerca de la causa de beatificación del Papa.

Uno de los temas más delicados fue el de su relación con las demás religiones, que rompió con muchos esquemas.

Movido por el deseo de promover el diálogo y la colaboración entre las grandes religiones, convocó en Asís a la Jornada Mundial de Oración por las Vocaciones, en 1986. En ese encuentro, los líderes de las diversas religiones, cada uno según su propio credo, rezaron juntos por la paz. Los que criticaron esta iniciativa sin precedentes acusaron al Papa de fomentar en Asís el sincretismo y el relativismo. La respuesta la dio en realidad el mismo Juan Pablo II, al afirmar que el estar en Asís de ninguna manera significaba "buscar un consenso religioso o negociar nuestras convicciones de fe". "No significa —añadió— que las religiones puedan reconciliarse sobre la base de un compromiso común acerca del relativismo en las creencias religiosas." Lo importante era que todos los líderes religiosos, más allá de sus diferencias teológicas, se comprometieran a apoyar los grandes temas en favor de la humanidad, primero entre ellos: el de la paz.

Otro acto polémico fue el del beso de Juan Pablo II al libro del Corán durante la audiencia al patriarca caldeo-iraquí Raphael I Bidawid, acompañado por algunas autoridades civiles y religiosas de Iraq.

El postulador de la causa, monseñor Oder, rechazó las críticas que veían en esto una actitud controvertida desde el punto de vista doctrinal, al afirmar que a través de ese beso Juan Pablo II sólo quería expresar su profunda caridad hacia un pueblo que reconoce en Abraham al padre común de todos aquellos que creen en un único Dios y, sobre todo, su solidaridad con el pueblo iraquí y sus sufrimientos, debido a la guerra en el Golfo.

Durante la causa de beatificación, monseñor Oder tuvo que analizar también las críticas hechas a Juan Pablo II por haberle dado la comunión en varias ocasiones al hermano Roger Schutz, fundador de la comunidad ecuménica de Taizé, oficialmente protestante. El Papa, sin embargo, sabía que si bien no había habido una conversión pública y oficial, el hermano Schutz se había convertido al catolicismo. Esto era suficiente para que le pudiera ofrecer la comunión.

Otro tema que tuvo que ser profundizado fue el de la misa en la Basílica de San Pedro, en junio de 1995, celebrada por Juan Pablo II ante el patriarca de Constantinopla Bartolomeo I, al que invitó a rezar el Credo, en su forma constantinopolitana, según la cual el Espíritu Santo procede del Padre, sin añadir "y del hijo".

Monseñor Oder explicó en su *Positio* que se trata de un tema teológico que desde hace siglos divide a las Iglesias de Occidente y Oriente, y que ese día Juan Pablo II quiso realizar un paso importante en la superación de un antiguo malentendido, sin por ello renunciar a la tradición de la Iglesia católica.

El postulador logró aclarar estos diferentes temas que según algunos ponían en tela de juicio la fe de Juan Pablo II, y la causa pudo seguir su camino sin mayores dificultades.

Esperanza

Esta virtud lleva al cristiano, por un lado, a no perder de vista la meta final que le da sentido a toda la existencia; por el otro, le ofrece motivaciones sólidas y profundas para cumplir el compromiso cotidiano de transformar la realidad, con el fin de hacerla más acorde con el proyecto de Dios.

La esperanza constituye la dimensión fundamental de la vida de Juan Pablo II. Esto resultó evidente desde su primer discurso, cuando, en la inauguración de su pontificado, dijo: "No tengáis miedo, abrid de par en par las puertas de Cristo". A partir de ese día, el Papa puso a Cristo como punto de referencia de toda la historia de la humanidad.

Para Juan Pablo II, la esperanza no era un optimismo superficial, fruto de la convicción ingenua de que el futuro será mejor que el pasado, sino una garantía, el anticipo de la realización de un plan divino.

El Papa estaba convencido de que los hombres no pueden vivir sin esperanza y de que, sin la fe en Dios, no puede existir ninguna auténtica y duradera. Karol Wojtyla tenía un carácter que lo llevaba a confiar en la gente y, más aún, en Dios. Esto hizo que la virtud de la esperanza naciera prácticamente con él y creciera a lo largo de toda su vida. Por ello su principal biógrafo, Georges Weigel, tituló su libro *Testigo de la esperanza*.

Según el postulador de la causa de beatificación de Juan Pablo II, la esperanza en Cristo fue la verdadera iniciativa de su pontificado. El cardenal Stanislao Dziwisz, quien vivió 40 años a su lado, coincide con esta visión porque, en su opinión, el Papa veía todo con una luz positiva, nunca era pesimista, creía que Dios gobernaba todo, que Cristo dirigía la historia. No se dejaba abatir por las dificultades, reaccionaba siempre con la oración, poniendo todo en las manos de Él, de Dios, con quien mantenía un diálogo íntimo.

El padre jesuita Czeslaw Drazek, que trabajaba en la sección polaca de *L'Osservatore Romano*, el diario oficial del Vaticano, solía decir que era el hombre de la esperanza porque anunciaba constantemente al mundo la esperanza que es Cristo, el único que nunca decepciona.

Creía en la fuerza del testimonio que le da a Dios la posibilidad de entrar en la historia. En una ocasión, dijo que Dios espera al margen de la soledad de cada hombre y que, si se le permite la entrada, cambia la vida del hombre y del mundo.

Tanto su historia personal como la de su patria llevaron a Karol Wojtyla a practicar desde joven la virtud de la esperanza. Seguramente sus lutos, el contexto histórico en el que vivió, el papel que la Providencia le reservó a finales del siglo xx como pacificador en conflictos, guía segura en la defensa de los derechos humanos y factor decisivo en el proceso de transformación de la sociedad, tras dos grandes totalitarismos como lo fueron el marxismo y el nazismo, confirieron a la virtud de la esperanza ejercida por Juan Pablo II una dimensión marcadamente humana. Sin embargo, a pesar de estar consciente de la importancia de la dimensión histórica, siempre tuvo muy presente el valor de la trascendencia.

Joaquín Navarro Valls, su portavoz durante más de 20 años, me explicó que, durante su pontificado, Juan Pablo II suscitó la esperanza teologal y al mismo tiempo despertó esperanzas humanas. Ayudó a la gente a integrar sus expectativas terrenales e históricas en el contexto más amplio de la verdadera esperanza humana, que es virtud teologal. Y si bien nunca predicó un paraíso terrestre, siempre se preocupó por las justas aspiraciones de los pueblos, de los grupos sociales y de los individuos. Sus discursos, sin embargo, no eran los de un reformador social.

Recuerdo el encuentro en el estadio de Santiago de Chile, donde los jóvenes querían que el Papa emitiera juicios y evaluaciones sociopolíticas sobre su país y condenara el régimen del general Augusto Pinochet. Él, en cambio, prefirió hablarles de la esperanza cristiana, que no deja de lado la historia, pero intenta construirla siguiendo la Providencia.

Navarro Valls contó que el autor ruso Aleksandr Solzhenitsin escribió que la elección de Juan Pablo II fue lo único bueno que le pasó a la humanidad en el siglo xx. A decir del vocero del Papa, Solzhenitsin entendió que la voz global del Pontífice le daba sentido a las expectativas humanas porque, según él, eran parte de la esperanza cristiana.

"Juan Pablo II —comentó su portavoz— era un testigo de la esperanza porque podía comunicar la confianza humana, pero hacía entender que esta confianza iba más allá de lo humano."

De acuerdo con el cardenal Eduardo Martínez Somalo, quien ocupó el cargo de sustituto en la Secretaría de Estado y luego fungió de camarlengo, Juan Pablo II cultivó la virtud de la esperanza porque tenía plena confianza en la Providencia y misericordia de Dios. Para él la historia tenía un sentido sobrenatural. Estaba seguro de que el Espíritu Santo siempre da las respuestas adecuadas.

A decir de monseñor Oder, una prueba evidente de la virtud de la esperanza en la vida de Juan Pablo II fue la decisión de emprender el camino del sacerdocio en un periodo de fuerte hostilidad hacia la Iglesia. También resultó evidente en el ejercicio de su ministerio, a pesar de la creciente fuerza del Partido Comunista Obrero Polaco.

Su vocación sacerdotal, su voluntad de seguir a Cristo en un país ateo, fue una señal de la esperanza que iba más allá de las expectativas humanas.

Desde el inicio de su sacerdocio, Karol Wojtyla centró su atención en la juventud y en la defensa de la vida. Esta elección reflejaba su esperanza.

En sus años como profesor de la Universidad de Lublino, y luego como obispo auxiliar de Cracovia, solía realizar ejercicios espirituales para los jóvenes. Esta experiencia quedó consignada en *Amor y responsabilidad*, un libro lleno de esperanza. En él le dio al amor humano una perspectiva más alta, que encontraba en Cristo el punto de referencia de toda dignidad humana. A través del texto, proponía un itinerario de esperanza a los jóvenes.

Las Jornadas Mundiales de la Juventud fueron de alguna manera la continuación de sus experiencias con los jóvenes de Cracovia. Juan Pablo II creía, con esperanza, en los jóvenes porque ellos serían la Iglesia del mañana. Su esperanza coincidía con cierto espíritu profético. No es un secreto que cuando Juan Pablo II decidió empezar dichas jornadas, en la curia había perplejidad pero él dijo que debían de iniciarse porque ahí estaba el futuro de la Iglesia.

Desde el primer día de su pontificado, Juan Pablo II les dijo a los jóvenes que eran su esperanza; con el paso del tiempo, se convirtió en su maestro, su amigo, su jefe espiritual y la más alta autoridad moral reconocida por ellos.

En la carta apostólica escrita a los jóvenes de todo el mundo, en 1985, en ocasión de la Jornada Mundial de la Juventud, les dijo que debían seguir a Cristo, el hijo de María, porque Cristo es la respuesta a las necesidades del corazón de todo hombre: el de ayer, el de hoy y el de mañana. En una época de bienestar y consumismo, pero también de pobreza y miseria, el Papa exhortó a los jóvenes a la fidelidad al Evangelio y a la construcción, con Cristo, de un mundo mejor, fundado en la verdad, la justicia, la solidaridad y el amor. Según el padre Drazek, las palabras del Papa hacia los jóvenes eran exigentes, pero despertaban su entusiasmo porque los exhortaba a ser el alma de una Tierra nueva, a vivir la fe en las dimensiones vertical y horizontal, a construir juntos un mundo mejor, fundado en la verdad, la solidaridad, la justicia y la paz, y a no desperdiciar el rico patrimonio del bien recibido en la vida. Les habló del fuego interior que encendería al mundo.

Según el cardenal Zenon Grocholewski, desde 1999 prefecto de la Congregación para la Educación Católica, los jóvenes veían en él al testigo auténtico. Comentó en una ocasión que ningún joven dudaba de que lo dicho por Juan Pablo II no fuera lo que él pensaba. Los jóvenes entendían que sus palabras no eran eslóganes demagógicos. Según él, el secreto de su popularidad era justamente su autenticidad y coherencia. La gente y, en forma especial, los jóvenes estaban seguros de que amaba a Cristo de la misma manera en la que amaba al mundo.

Recuerdo la incredulidad de nosotros, los periodistas, al atestiguar el encuentro de Juan Pablo II con los jóvenes en París, en 1980. Nos habían dicho que, contrariamente a lo que había sucedido en México, Polonia, Irlanda, los Estados Unidos y África, en la fría y laica Francia, no veríamos multitudes entusiastas. Sin embargo, el encuentro se transformó en una verdadera fiesta. Aún más sorpresiva fue la Jornada Mundial de la Juventud en París, 17 años más tarde, cuando el Papa ya estaba enfermo y con menos energía. Los organizadores esperaban, cuando mucho, a alrededor de 250 000 jóvenes, pero ahí se reunieron ¡1 200 000!

El escritor rumano y académico de Francia Eugène Ionesco expuso una interpretación interesante de esos encuentros entre Juan Pablo II y los jóvenes:

"Desde hace mucho tiempo, nadie les hablaba ya de Dios o del amor. Se pensaba que estos temas harían reír a la gente. Pero en esta ocasión la gente vino a escucharlo y no se rio."

Cabe destacar, también, su fuerte compromiso en favor de la vida y de los recién nacidos. Desde sus tiempos como obispo en Cracovia, respaldó fuertemente la encíclica *Humanae vitae* de Paulo VI, criticada por los laicos y no bien acogida por todos los sectores de la Iglesia católica. El cardenal Wojtyla organizó un grupo de estudiosos que realizaron un análisis exhaustivo del documento para el Papa. Además, escribió una introducción de la encíclica que se tradujo a varios idiomas y se envió a los representantes del Papa Paulo VI como clave de lectura de la carta pontificia. De acuerdo con el postulador de la causa de beatificación, se trató de una actitud a contracorriente, inspirada, precisamente, por la esperanza cristiana.

Debe subrayarse además su compromiso concreto en la diócesis de Cracovia, donde ayudaba a las madres solteras a través de centros financiados por él para acoger a estas mujeres y a sus hijos.

Otra señal de esperanza, según monseñor Oder, era su visión de la Iglesia posconciliar, en la que los laicos tienen un papel privilegiado. Para promover las orientaciones del concilio, en su calidad de obispo organizó en su diócesis el sínodo diocesano. Se trataba de una novedad, de vanguardia para la Iglesia polaca. Creó grupos de trabajo que incluían a laicos, a quienes entregó textos conciliares. El sínodo partió de la lectura y estudio de estos documentos para su puesta en práctica en la vida de la Iglesia. Era una señal fuerte de esperanza, que refleja su apertura y su confianza en relación con los laicos.

Un aspecto más de esperanza lo constituyó su compromiso social en favor de la paz. Fuimos testigos de cómo, a pesar de sufrir por los acontecimientos negativos y por los conflictos, nunca se dejó abatir. Se presentaba siempre como mensajero de la esperanza: ponía todo en manos de Dios y rezaba.

Su compromiso por la paz era sólido y muy concreto. Sería suficiente con recordar los conflictos entre Argentina y Gran Bretaña, y entre Chile y Argentina, así como las guerras en los Balcanes, el Golfo Pérsico e Iraq. No por nada a lo largo de todo su pontificado se le calificó de Papa de la paz o de Peregrino de la paz. Nadie más ha hablado tanto de ella ni ha estado tan vinculado a la historia y a las angustias de los pueblos como Juan Pablo II, quien habló de la paz desde su primera encíclica, la *Redemptor hominis*, dedicada al hombre.◉

El Papa que conoció en carne propia los horrores de la guerra y vio cómo el odio puede degradar al hombre hizo de su compromiso internacional por la paz un punto esencial de su misión y, sobre todo, una manifestación clara de la esperanza que lo animaba.

En varias ocasiones quiso llegar hasta las zonas de guerra o de guerrilla, consideradas altamente peligrosas, para llevar un poco de esperanza. Fue a Irlanda y el Perú; a Ayacucho, plaza de Sendero Luminoso; a Colombia, azotada por la guerrilla; a El Salvador, en guerra civil; a Argentina y Gran Bretaña, oficialmente en guerra, para llevar a cabo, en persona, la mediación en el conflicto de las islas Malvinas.

Desde 1982, dijo que quería visitar el Líbano. Cada año repitió lo mismo, pero el país estaba en guerra. En 1989, con valentía anunció al mundo que iría al Líbano porque los sirios estaban llevando a cabo un verdadero genocidio. No lo logró en ese momento, pero el que estuviera dispuesto a viajar en medio de las bombas para expresar su solidaridad a un pueblo martirizado le infundió a la gente seguridad y esperanza. Lo mismo sucedería años más tarde con la no menos martirizada Sarajevo.

Cómo no recordar que uno de los mensajes más impactantes contra la guerra, para evitar la emprendida contra Iraq, lo pronunció el Papa, ya muy enfermo, desde el balcón de su estudio privado. Para que no se diera la intervención de los Estados Unidos y sus aliados contra Iraq, Juan Pablo II movilizó a toda la diplomacia vaticana. Fue su última gran batalla internacional y a ella consagró sus fuerzas finales. Envió a sus representantes a hablar con los involucrados, desde el presidente George Bush hasta Saddam Hussein, pero su voz no fue escuchada por los protagonistas del conflicto. Lo fue, sin embargo, por los ciudadanos del mundo entero, que, movidos por la esperanza que les infundió Juan Pablo II, empezaron a oponerse a la guerra. Nunca se había visto una ola de manifestaciones a escala planetaria tan grande.

El cardenal Vinko Pulic, arzobispo de Sarajevo, recuerda que, en septiembre de 1994, fue a Castelgandolfo para organizar el viaje del Papa a Bosnia, pero dos días antes se decidió posponer la visita debido a amenazas y la falta de seguridad. Juan Pablo II no se desalentó. El día en el que debería haber estado en Sarajevo, pidió un enlace con la catedral y pronunció el discurso preparado para dicho viaje. Desde su residencia veraniega gritó: "¡Basta de guerra!", e invitó a los católicos a perdonar y a pedir perdón. Su mensaje fue motivo de consuelo y esperanza para todos.

Juan Pablo II debió esperar tres años para poder llevar personalmente la esperanza a Sarajevo.

Para mí, esa visita representa un recuerdo imborrable. Nunca podré olvidar a Juan Pablo II celebrando la misa, bajo una tempestad de nieve, con un frío terrible, frente a un altar a cuyo lado había sido colocado, sobre una sábana blanca, un Cristo mutilado por una granada, símbolo de todos los hombres, mujeres y niños víctimas de la guerra entre serbios y bosnios.

Ahí, con la voz fuerte de los primeros años de su pontificado, Juan Pablo II invocó, casi gritando, la paz. "Libéranos —dijo dirigiéndose a Dios— de la peste de la guerra. Venga tu reino: reino de justicia, de paz, perdón y amor."

"¿De qué lado está Dios? —gritó también—. La voluntad de Dios es la paz." En Sarajevo repitió una vez más: "Perdonemos y pidamos perdón".

Un mes más tarde, después de 15 años de varios intentos frustrados, logró viajar al Líbano, donde firmó la exhortación apostólica "Una nueva esperanza para el Líbano". El cardenal Nasrallah Boutros Sfeir, patriarca de Antakya de los maronitas del Líbano, comentó que Juan Pablo II veía en esta nación martirizada un parecido con Polonia y que tenía gran preocupación y caridad por el Líbano, lo cual manifestaba con actos valientes. Juan Pablo II, según él, demostró tener una intuición profética y una esperanza sobrenatural al preocuparse tanto y al hacer tanto por el bien del Líbano, a pesar de tantas guerras y divisiones. Él entendía, mucho más que sus colaboradores, las dificultades vividas por ese país, porque eran parecidas a las que había tenido su patria.

Los viajes apostólicos también fueron una manifestación de esperanza.

Juan Pablo II, si bien fue un gran testigo de la esperanza, nunca predicó el paraíso en la Tierra. Invitaba a leer la historia a través del sacrificio de Cristo. Sabía que la plenitud no pertenece a este mundo.

En algunos sucesos históricos, por ejemplo el golpe de Estado en Polonia, algunos habrían preferido una actitud menos prudente, una condena más fuerte al régimen, pero él tomó una posición muy clara, no sin dejar una puerta abierta al diálogo.

Monseñor Kowalczyk, responsable de la sección polaca de la Secretaría de Estado, contó que la noche del 13 de diciembre de 1981, la del golpe de Estado en su patria, estaba cenando con el Papa. Todos padecían de angustia porque no fluía información acerca de lo que estaba sucediendo en su país. Al final de la cena, Juan Pablo II, con mucha tranquilidad, les dijo que había que rezar mucho y esperar una señal de Dios. Luego, como de costumbre, se fue a la capilla a orar.

En una entrevista que en 2006 le hice al general Wojciech Jaruzelski, el hombre que encabezó el golpe en Polonia, me contó que la actitud de Juan Pablo II durante la visita a su tierra natal, sujeta a ley marcial en 1983, fue fundamental para que él decidiera levantar el estado de sitio. El Papa supo escuchar las razones por las cuales el general había tenido que decretarlo, le hizo sugerencias, reflexionó con él, le habló de una visión filosófica de la democracia, de la identidad nacional polaca. Por parte del Pontífice no hubo ninguna imposición: con una visión marcada por la esperanza, le hizo ver que no había alternativa a la normalización de la situación de su patria.

Juan Pablo II sembró la esperanza, asimismo, en los encuentros ecuménicos que mantuvo a lo largo de todo su pontificado.

El patriarca ortodoxo de Constantinopla, Bartolomeo I, casi con lágrimas en los ojos, declaró que lo que más le había conmovido de su encuentro con Juan Pablo II era el cáliz que le había regalado. Le dijo al postulador de la causa que nunca lo ha utilizado porque tiene la esperanza de poderlo usar en una concelebración con Benedicto XVI. Para él, ese regalo representó una señal de esperanza en el camino hacia la reunificación de los cristianos.

El diálogo con la Iglesia ortodoxa rusa fue muy difícil, pero tampoco en este caso Juan Pablo II cedió ante las señales negativas. Nunca perdió la esperanza. Confiaba, por ejemplo, en poder llevar el icono de la Virgen de Kazan, pero no fue posible.

La muestra de esperanza por excelencia fue el gran número de beatificaciones y canonizaciones. Se trataba de una gran apertura hacia el futuro. Tenía una esperanza vertical, en el sentido de que abría el horizonte del hombre hacia el infinito de Dios e indicaba que el hombre tiene que llegar hasta Dios. Se trataba también de una esperanza horizontal, en el sentido de que constituía una invitación al hombre para que viviera de acuerdo con el plan de Dios y mostrara el tesoro de su corazón. Según el postulador, tantos ejemplos de santidad son una gran invitación a abrirse a la esperanza y traducirla en una vida santa, plena, comprometida, explotando el potencial de santidad que hay en cada uno de nosotros.

Otra señal de esperanza es la devoción de Juan Pablo II por la divina misericordia: la verdadera esperanza para el hombre. No es éste el que puede construir su futuro y asegurar su propia felicidad: la única esperanza del hombre es el corazón de Cristo, que comunica la misericordia de Dios, la compasión de Dios hacia el hombre: es la llamada a éste a la comunión con Él.

El Papa escribió incluso la encíclica *Dives in misericordia*, y promovió fuertemente el culto de la divina misericordia, al canonizar a la madre Faustina Kowalska. Es más, durante su viaje a Polonia en el 2002, confió el mundo a la misericordia de Dios.

La devoción por la divina misericordia que le marcó profundamente y su muerte están íntimamente relacionadas: Juan Pablo II murió el sábado 2 de abril, antes del domingo en el que se celebra la fiesta de la divina misericordia, instituida por el Papa en el año 2000. La última misa a la que asistió Juan Pablo II, aún con vida, fue a las 8 de la noche y fue la dedicada a la divina misericordia.

Al día siguiente, en la primera misa después de su muerte celebrada por el cardenal Angelo Sodano, secretario de Estado de la Santa Sede, monseñor Leonardo Sandri, a quien todos llamábamos "la voz del Papa" por ser el que le había "prestado" la voz luego de la intervención de traqueotomía que le había dejado mudo, leyó el ángelus que Juan Pablo II había preparado para ese domingo. El Papa hacía especial hincapié en la necesidad de que el mundo comprendiera y acogiera la divina misericordia. "Señor, que con tu muerte y resurrección revelas el amor del Padre, nosotros creemos en ti y con confianza te repetimos: 'Hoy, Jesús, confío en ti, ten misericordia de nosotros y del mundo entero'."

Otro elemento fundamental para probar que Juan Pablo II vivió la virtud de la esperanza en forma heroica fue la que mostró al mundo al final de su vida. En sus últimos días, la forma en la que el Papa regresó a la casa del Padre y sus últimas palabras son la digna conclusión de una vida marcada por la esperanza. Fue la mejor manera de expresarla, porque se puso completamente en manos del Padre.

Además, en los momentos finales de su vida se juntaron todos los signos de la esperanza: vimos a los jóvenes reunidos debajo de su ventana como si a ellos les entregara la vida, vimos un funeral que reunió a creyentes y no creyentes, católicos y no católicos. Después vimos las gracias atribuidas a su intercesión, muchas de ellas relacionadas con el don de la vida.

El funeral y lo que sucedió inmediatamente después de su muerte no fue un fenómeno mediático: la gente acudió porque dejaba de existir un padre, tuvimos la sensación de que desaparecía una paternidad universal. Estábamos conscientes de la autenticidad de la vida del Papa, independientemente de compartir o no sus ideas. Lo veíamos como el testimonio de unos valores que a lo mejor no queríamos aceptar o seguir, pero nos dábamos cuenta de que él los había encarnado. Su vida había sido auténtica. La gente no acudió porque había muerto un Papa, sino porque había muerto un padre.

Monseñor Oder me contó que una mujer judía de Roma le dijo que en dos ocasiones sufrió la muerte de un padre: la primera, cuando falleció su padre natural; la segunda, cuando murió el Papa. Una mujer musulmana que de niña había experimentado el calor humano del Papa cuando lo veía con su padre, embajador ante el Vaticano de un país islámico, regresó a Roma guiada por ese recuerdo.

Todos los testimonios del mundo protestante y del ortodoxo que han llegado a la oficina de la postulación confirman la percepción de la desaparición de una paternidad, de un ser humano muy cálido.

La esperanza que demostró en las situaciones de la vida y en el momento de la muerte era, sin embargo, la consecuencia de una esperanza mucho más alta.

Su portavoz, Joaquín Navarro Valls, decía que el Papa no sembraba la esperanza del paraíso terrenal porque la esperanza del hombre tiene que ir más allá de esta realidad. Ciertamente, debía hablar de la esperanza del paraíso, porque de esta visión brota la salvación, pero la esperanza última se concreta en la vida. La historia adquiere su valor a partir de la eternidad. El momento de la muerte es el que da el valor de toda una vida.

La devoción por el Espíritu Santo hacía que Juan Pablo II tuviera una esperanza sobrenatural que lo llevaba a desear fuertemente la vida eterna, a confiar plenamente en las promesas de Cristo y en la ayuda del Espíritu Santo. La expresión más profunda de su deseo de vida eterna se encuentra, justamente, en sus últimas palabras: "Dejadme volver a la casa del Padre".

Juan Pablo II deseó la vida eterna no sólo al final de su existencia; ésta siempre estuvo presente en su mente, prueba de ello es que inició la redacción de su testamento poco después de haber sido elegido Papa.

El cardenal Joseph Glemp, arzobispo de Varsovia, contó que le tocó celebrar con él su cumpleaños número 63. El Pontífice le dijo: "Hoy estoy más cerca del paraíso".

El Papa tenía una relación con la eternidad muy serena y lúcida, y gracias a la virtud de la esperanza, nunca le tuvo miedo a la muerte.

Una de las religiosas que estuvo al lado de Juan Pablo II en todo momento en el Vaticano, contó que tenía una esperanza viva y su actitud de cara a la muerte estaba caracterizada por la esperanza en la vida eterna. En los momentos en los que se sentía muy mal decía: "A lo mejor estoy a punto de morirme".

Lo decía con serenidad y luego rezaba.

Caridad

Caridad hacia Dios

El ejercicio heroico de la caridad en la vida de Juan Pablo II fue evidente tanto en su conducta hacia Dios como en su conducta hacia los hombres, basadas en el amor. Juan Pablo II estuvo animado siempre por un gran fuego de amor.

Según el postulador de la causa, el signo más visible de su caridad era el deseo de difundir el mensaje de Dios en la Tierra. Su apertura a la trascendencia, su amor por la eucaristía y la oración, así como la búsqueda constante del corazón del hombre para convencerlo de amar a Dios fueron los motivos de todas sus acciones.

Desde muy joven se distinguió de sus amigos, porque claramente él sólo quería agradar a Dios.

Jerzy Kluger, el amigo judío de Juan Pablo II, con quien mantuvo una amistad desde niño hasta el final de su vida, contó que, tras concluir la primaria, puesto que vivía más cerca de la escuela que Karol, fue a ver los resultados de los exámenes. Al no encontrarlo en su casa, se dirigió a la iglesia, donde su amigo se encontraba sirviendo en la misa como monaguillo. Cuando lo vio, Karol le hizo una señal, conminándolo a no hablar. Una señora muy mojigata lo reconoció y le preguntó, muy molesta, si era el hijo del doctor Kluger, quien, todos sabían, era judío. Él, siguiendo la indicación de Karol, no le contestó. Al final de la misa, tras enterarse de lo sucedido, el futuro Papa, que tenía apenas 10 años de edad, le dijo a su amigo judío: "¿Acaso no sabe esa señora que todos somos hijos del mismo Dios?"

Todos los que lo conocieron a lo largo de su vida fueron testigos de la importancia de la oración en la vida de Juan Pablo II. Todos presenciamos, por ejemplo, cómo a pesar de sus limitaciones físicas el Papa siempre quería arrodillarse; de joven, incluso se echaba al suelo y así lo encontraban las monjas después de horas de oración. La capilla siempre fue el lugar más importante de sus residencias, el verdadero espacio vital, el recinto central. Entraba en ella en cuanto se despertaba, y volvía varias veces al día. Cuando debía tomar una decisión importante, se iba ahí. En el Palacio del Arzobispado de Cracovia, dentro de la capilla había una mesita en la que escribía los documentos más importantes. A veces, si se despertaba por la noche, también iba a la capilla. Jesús era el dueño de la casa de Juan Pablo II.

Desde sus años en Polonia, como sacerdote, obispo y luego cardenal, se dirigía a Dios en los momentos difíciles.

Karol Wojtyla amaba muchísimo el santuario de Kalwaria Zebrzydowska. Iba ahí aunque hubiera nieve o lodo. Para ello en el coche siempre tenía unas botas. Solía hacer el viacrucis y se tardaba de tres a cuatro horas. Amaba con predilección los santuarios marianos. Él mismo contó en una ocasión que al recorrer el viacrucis había resuelto muchos problemas pastorales.

También después de su elección como Papa pedía que lo llevaran a algún santuario. Muchas veces se fue "de pinta" a la Mentorella, cerca de Roma, donde había ido incluso antes de su elección. Cuando hacía alguna excursión, ya sea saliendo a escondidas del Vaticano o durante sus vacaciones en la montaña, todos sus colaboradores sabían que, después de convivir un poco con él, debían dejarlo solo para que pudiera rezar y meditar en contacto con la naturaleza, cuya belleza le hacía pensar en la grandeza de Dios. Estos sentimientos quedaron reflejados en muchos de sus poemas.

Antes y después de las celebraciones eucarísticas, Juan Pablo II se quedaba rezando, como forma de agradecimiento, durante más de 15 minutos. Era asombroso asistir a estos momentos de oración porque se tenía la impresión de que él no estuviera presente, sino en otra dimensión. A veces en los viajes se demoraba rezando en la sacristía, y monseñor Stanislao Dziwisz, su secretario, o el organizador de los viajes, intentaban decirle que debía seguir con el programa, pero él no hacía caso. Se levantaba sólo después de que había acabado su oración, la cual a veces duraba hasta 20 minutos. "Daba la impresión de que, antes de dirigirse a los hombres, Juan Pablo II hablaba con Dios. Antes de representarlo, le pedía a Él poder ser su imagen viviente entre los hombres."

Su gran amor por la eucaristía se reflejaba en la fiesta del Corpus Domini (Solemnidad del Cuerpo y la Sangre de Cristo). Cuando era arzobispo de Cracovia, se indignó porque las autoridades comunistas no permitieron que la procesión pasara por el centro de la ciudad, mientras que al domingo siguiente consintieron un desfile de perros. Para él se trataba de un ultraje al Señor.

Después de su elección como Papa, decidió que, en ocasión del Corpus Domini, hubiese una procesión desde la Basílica de San Juan de Letrán, donde celebraba la misa, hasta la de Santa María la Mayor. En los últimos años de su vida, a pesar de sus limitaciones físicas, durante la procesión quería arrodillarse ante el Santísimo, en un vehículo especial. Su secretario y los maestros de ceremonias sabían que él no debía prosternarse, porque sus rodillas no podían sostener su peso. Además, teniendo en cuenta su inestabilidad corporal, era peligroso porque el vehículo al avanzar no era muy estable. El Papa, sin embargo, no quería resignarse. Su maestro de ceremonias contó que, ante su insistencia, lo ayudaron a arrodillarse, pero inmediatamente él se dio cuenta de que no lograba estar en esa posición. Tuvieron que ayudarlo a sentarse de nuevo, en medio de grandes sufrimientos. Esa insistencia representaba indudablemente una enorme manifestación de fe: si bien el cuerpo ya no respondía, su voluntad de rendir homenaje al Santísimo Sacramento era fortísima. A pesar de su gran sufrimiento, mostró la fuerza interior de su fe, que quería manifestar con el gesto de arrodillarse.

El Papa dedicó incluso un año a la eucaristía y éste fue el tema de su última encíclica; además decidió que en la Basílica de San Pedro existiera la adoración perpetua.

Esta actitud ocasionó en el mundo católico un despertar eucarístico.

Innegable fue su veneración por la Virgen, que quedó manifiesta no sólo en su escudo papal con el lema *Totus tuus*, sino también en la constante oración del rosario. Juan Pablo II introdujo la serie de cinco misterios de la luz, relativos a los momentos principales de la vida pública de Jesús, y convocó un Año Mariano especial. Todos los que lo seguimos día tras día vimos cómo Juan Pablo II no se separaba nunca del rosario. Su fotógrafo, Arturo Mari, me contó que incluso durante las audiencias y los diferentes encuentros tenía siempre una mano en el bolsillo porque ahí tenía un rosario.

Su amor por Jesús, así como el deseo de sumergirse en su pasión, hacía que amara con predilección el viacrucis. Todos los viernes, ya durante sus viajes o en el Vaticano, recorría las 14 estaciones; en éste lo hacía en su capilla o en su terraza, donde habían sido colocadas las representaciones de los 14 cuadros del Calvario. En Castelgandolfo, puesto que no había las estaciones en la capilla, lo realizaba en un pasillo donde había un conjunto de litografías con las imágenes del camino doloroso.

Su portavoz, Joaquín Navarro Valls, me contó que el viernes primero de abril de 2005, un día antes de morir, el cuadro clínico de Juan Pablo II era gravísimo. Hacia las 10 de la mañana, vieron que quería decirles algo, pero no le entendían, hasta que sor Tobiana le dio una hoja de papel y un lápiz y él dijo que quería hacer el viacrucis. Ella le leyó las 14 estaciones y él con mucho esfuerzo se persignaba cada vez que iniciaba una.

Jesús crucificado era, según el postulador de la causa, monseñor Slawomir Oder, el verdadero centro de su contemplación, e incluso el corazón mismo de su vida cotidiana y de todas sus decisiones.

Todos los que vivieron a su lado se percataron de cómo en su enfermedad Juan Pablo II ponía en práctica lo que había anunciado repetidamente cuando estaba sano, es decir, el inestimable valor del sufrimiento y de la enfermedad en el compromiso apostólico de la Iglesia en el mundo.

Según sus más estrechos colaboradores, Juan Pablo II nunca pensó seriamente en renunciar —a pesar de que tomara en cuenta esta posibilidad en caso de que ya no pudiera ejercer su misión—, porque sabía que el momento en el cual un cristiano cuenta con mayores posibilidades pastorales es cuando se encuentra bajo la cruz de la enfermedad y la miseria. Por esto nunca vieron en él un gesto o una palabra de resignación.

Su caridad hacia el Señor hacía que Juan Pablo II concibiera el pecado como ultrajes del mundo contemporáneo a Dios, que él intentaba remediar a través de la oración y de su intensa vida espiritual. Cuando sufría mucho, como por ejemplo después de alguna operación, solía decir: "Hay que resarcir, por lo mucho que ha sufrido Jesucristo". Si bien no rechazaba a los pecadores, no dejaba de levantar la voz para despertar las conciencias de quienes habían pecado.

Durante su viaje a Polonia en 1991, por ejemplo, propuso un decálogo, y, consciente de que su mensaje no era popular, casi gritó frente a sus compatriotas, sobre todo cuando se refirió al derecho a la vida y a la condena del aborto.

La caridad hacia Dios la expresaba, además de en el constante diálogo con Él, en su deseo de darle gusto al convertir los corazones de las personas que encontraba y que, por alguna razón, se habían alejado de Dios.

La enfermera Rita Megliorin, quien lo atendió en el Hospital Gemelli, me contó que Juan Pablo II había pedido que colocaran frente a la cama en su habitación una imagen de la Virgen de Czestochowa y una de Jesús misericordioso. Una noche, mientras parecía que se había dormido, la enfermera, muy cansada, apoyó sus brazos y su cabeza en la cama del Papa y se medio durmió. De repente, sintió la mano del Pontífice sobre su mejilla y vio que miraba fijamente el cuadro de la Virgen. No dijo nada, pero tuvo la impresión de que la estaba encomendando. Para ella se trató de una experiencia intensa y abrumadora, porque sintió que estaban en otra dimensión.

Caridad hacia el prójimo
Según el postulador de la causa, Juan Pablo II ejerció la caridad hacia el prójimo de una forma extraordinaria y con una dimensión planetaria.

Desde joven dio muestra de generosidad y sensibilidad. Su amigo judío Jerzy Kluger contó que en preparatoria un conserje de la escuela que solía emborracharse fue atropellado por un coche. "Todos los alumnos salimos a la calle, pero no tomamos ninguna iniciativa. Vimos volver a Karol, que había ido a llamar a un sacerdote para que le diera asistencia espiritual. Casi todos los alumnos de la escuela eran católicos, pero a nadie se le había ocurrido llamar a un sacerdote, nadie había tenido esa sensibilidad."

A lo largo de su vida, Juan Pablo II trató a sus amigos, ya fueran personas sencillas o gente importante, sus estudiantes o sus profesores, de la misma manera, con gran calidez y amistad. No ponía ninguna distancia. Escuchaba sus problemas, sus sufrimientos. Les daba consuelo. También se preocupaba por los colaboradores en la curia del arzobispado de Cracovia y en el Vaticano. Las monjas que se encargaban de él en el departamento pontificio contaron que trataba a todos con mucha cordialidad y que se le podía decir de todo porque sabían que nunca se enojaba, que escuchaba las opiniones de los demás, incluso las contrarias a las suyas. Confiaba mucho en sus colaboradores, los consultaba. Era muy sencillo y tenía un trato muy familiar. Trataba a todos como un padre. Podían bromear, no le tenían miedo. Se sentían siempre a gusto con él. Además, muy frecuentemente invitaba a almorzar con él tanto a sus colaboradores como a sacerdotes, obispos o cardenales que estaban de paso por Roma.

Muchos testigos hablaron de su atención hacia los pobres, los débiles y los pequeños. Siempre fue muy generoso con ellos y desde joven les regalaba su ropa y lo que le daban para su uso.

Una monja polaca recordó que cuando era un joven sacerdote visitó la casa de las religiosas, quienes vieron que llevaba poca ropa y que seguramente tenía frío. Le tejieron un suéter y se lo regalaron. Cuando volvió en otra ocasión, ya no lo tenía, porque se lo había regalado a un joven estudiante que, según él, lo necesitaba más. En otra ocasión, debía celebrar una misa en la parroquia de San Florián, pero no llegaba, así que fueron a buscarlo y se dieron cuenta de que no podía ir porque no tenía zapatos. La noche anterior se los había regalado a otro estudiante pobre.

Otra religiosa, también polaca, contó que cuando era obispo y luego arzobispo visitaba el hogar de las madres solteras y siempre les preguntaba qué necesitaban, jugaba con los niños y les daba la comida que habían preparado para él.

Fuimos testigos en algunos viajes de actos simbólicos por parte del Papa, pues él creía en ellos como parte de la difusión del Evangelio. En Brasil, por ejemplo, al visitar en 1980 una favela de Río de Janeiro, decidió entrar en una choza en donde se encontraba una mujer muy anciana. Le dio su bendición, le besó las mejillas y al final se quitó su anillo y se lo entregó. La mujer se puso a llorar. Según monseñor John Magee, su secretario hasta 1982, él trataba a cada persona como si fuera la única en el mundo.

Durante su pontificado hizo que las monjas de la madre Teresa abrieran una cocina para los pobres al lado del Vaticano. Para los jóvenes y los peregrinos necesitados ordenó la apertura del centro San Lorenzo, en Roma.

Era generoso también con los obispos de países pobres. Varios testigos hablaron de la ayuda económica que recibieron de él. Otros atestiguaron su gran atención hacia los enfermos. En todos los viajes había encuentros con ellos, y les dedicaba muchísimo tiempo. Les hablaba del significado del dolor, de la dignidad del sufrimiento y de la manera en la que éste podía ofrecerse por el bien del mundo y de la Iglesia. Los enfermos entendían que él, sobre todo en los últimos años de su vida, era un enfermo más, y que nadie mejor que él podía entenderlos y expresarles su cariño y cercanía. A sus encuentros con los enfermos pertenecen las imágenes más emotivas de su pontificado. En algunas ocasiones, sus colaboradores debieron informarle que tenía que interrumpir los encuentros porque llevaban retraso en el programa.

El Papa regañó en una ocasión a uno de sus colaboradores porque le había pedido que se apurara durante un encuentro con enfermos. "Monseñor —le dijo—, con los que sufren no se puede tener prisa, no me vuelva a pedir que me apresure." Juan Pablo II consideraba a los enfermos como su ayuda espiritual. Siempre tenían un lugar privilegiado en las audiencias.

Todos los testigos hablan de su ternura con los enfermos, ya fueran infectados de sida, leprosos, minusválidos o cancerosos. Era muy cariñoso con ellos, no temía el contacto. Mostraba un amor espiritual y concreto por la debilidad.

Creo que, en cuanto al acercamiento del Papa al dolor, hay dos momentos que quedarán entre las imágenes imborrables de su pontificado: su visita a la Casa del Corazón Puro de Calcuta, donde bendijo a los moribundos de la Madre Teresa, y su primer encuentro en la Misión Dolores, de San Francisco, con los enfermos de sida.

En la Casa del Corazón Puro, Juan Pablo II entró con la Madre Teresa. Lo primero que vio fue un pizarrón con la fecha de ese día, el 4 de febrero de 1985, seguida por varios datos: número de enfermos ingresados: 2; salidas: 0; muertos: 4. El Papa cruzó los dos grandes dormitorios, uno para hombres y otro para mujeres, se acercó a cada uno de los moribundos, y a todos les trazó la señal de la cruz en la frente. La Madre Teresa, siempre con la sonrisa en los labios, empezó a servir la cena, ayudada por las hermanas de la caridad. El Papa hizo lo mismo. Más tarde quiso entrar en la pequeña sala mortuoria, donde se encontraban las cuatro personas fallecidas ese día: dos hombres, un niño y una mujer. Sólo el niño llevaba una pequeña cruz en el pecho; era católico. En el momento en el que el Papa iba a salir de la casa, se escucharon los gritos de una mujer que sollozaba. El Papa se le acercó. La Madre Teresa tradujo del bengalés: "Me encuentro terriblemente sola —le dijo entre lágrimas, y añadió—: Padre, vuelva a vernos".

El Papa quedó profundamente conmovido. Al salir de la Casa del Corazón Puro habló de "la ciudad de la alegría", del sufrimiento humano, de la muerte, de ese sitio que es, dijo, "un testimonio de la primacía del amor y la caridad", donde el "misterio del sufrimiento humano se encuentra con el misterio de la fe y del amor".

Su enorme caridad hacia los enfermos lo llevó años más tarde a la Misión Dolores de San Francisco, para acercarse por primera vez al drama del sida. El Papa fue recibido por unos 60 contagiados, acompañados por sus familiares, ex "compañeros" y enfermeros. Juan Pablo II saludó, abrazó y bendijo a cada uno de los enfermos, para demostrar su compasión, y no su condena, por las víctimas de lo que algunos prelados en esos años calificaban de "flagelo de Dios", resultado de comportamientos contrarios a la moral sexual. Entre ellos se encontraba Fred Powell, de 52 años, católico, quien, después de que el Papa hubo salido de ahí, me comentó: "El hecho de que Juan Pablo II haya venido hasta nosotros, para abrazarnos y bendecirnos, es el principio de una nueva luz que dará la vuelta al mundo y alumbrará a mucha gente". En la Basílica, el Papa dijo que "Dios ama a todos sin distinción; ama —añadió— a los que están sufriendo por el sida; ama a sus parientes y amigos que los cuidan". Sus palabras y sus gestos no sólo reflejaron su caridad, sino también representaron una invitación a la caridad para todos aquellos que aún tenían muchos prejuicios. El momento más emocionante del encuentro fue cuando Juan Pablo II besó a un niño de cinco años, infectado por una transfusión de sangre, que estaba acompañado por sus padres. También fue muy impresionante ver al Papa al lado de un sacerdote que había contraído la enfermedad. Algunos pacientes, al final del encuentro, nos dijeron que a través de la caridad del Papa habían entendido que el amor de Dios alcanza a todos por igual.

El fotógrafo del Papa, Arturo Mari, me contó que en la isla de Pussan, en Corea del Sur, en un leprosario, Juan Pablo II abrazó y acarició sin ninguna prevención a los enfermos. En esos momentos, Mari trató de imaginar lo que sentían los leprosos a quienes el Papa les estaba devolviendo la dignidad de seres humanos.

Juan Pablo II también demostró amor por los prisioneros, a quienes visitó en varias ocasiones tanto en Italia como durante sus viajes. Queda imborrable la visita del Papa al Centro de Readaptación Social de Durango, en 1990, durante su segunda visita a México. Contrariamente a lo que los agentes de seguridad le habían pedido, el Pontífice quiso meterse entre los presos: pasó detrás de las rejas para saludarlos, uno a uno los acarició, los abrazó. Muchos lloraron. El Papa les dijo que la peor de las prisiones sería un corazón cerrado y endurecido, y el peor de los males, la desesperación. Les aseguró que para ellos pediría a Dios "la esperanza de volver a ocupar un lugar normal en la sociedad, de encontrar de nuevo la vida", una vida digna, aclaró.

En ocasión del primer aniversario de la muerte de Juan Pablo II, viajé a Polonia para realizar una serie de reportajes. Me impactó que el general Wojciech Jaruzelski a quien entrevisté y quien, sorpresivamente, sería uno de los testigos en la causa de beatificación de Juan Pablo II me dijera que había detectado en varias ocasiones la santidad del Papa y que esa santidad había modificado su propia actitud tanto a nivel personal como político. Uno de los ejemplos que me puso fue justamente la visita del Papa a la cárcel de Durango. "En ese encuentro en el que el Papa no le hizo caso a los agentes de seguridad, fuimos testigos de su enorme dimensión moral. Si alguien quiere calificarla de santidad, creo que tiene el derecho de hacerlo."

El Papa pretendía recuperar para los pobres, los enfermos y las personas que sufrían su propia imagen y semejanza con Dios.

Un cardenal italiano contó que un sacerdote llevó a una audiencia a un pordiosero que era un ex sacerdote. Juan Pablo II quiso recibirlo a solas. Al concluir el encuentro, el indigente salió llorando. El Papa le había pedido que lo confesara y al final, ante su asombro, le había dicho: "Ya ves lo grande que es el sacerdocio; no lo eches a perder".

En su forma de ejercer la caridad había mucho respeto por el ser humano. Al Papa no le gustaba que hablaran mal de alguien ni soportaba los chismes en contra de persona alguna. Sus más cercanos colaboradores comentaron en muchas ocasiones que nunca lo oyeron hablar mal de alguien. Difícilmente emitía una opinión negativa sobre alguna persona; en la mayoría de los casos, se callaba. Rezaba por la conversión de sus enemigos. Buscaba siempre una aclaración, una solución a los conflictos o a los malentendidos.

Su particular sensibilidad hacía que la gente se sintiera querida en forma única. Era suficiente una mirada suya para percibir su caridad. Cuando el Papa veía hacia una multitud, todos tenían la impresión de que los había mirado a ellos. Todos se sentían tomados en cuenta, objeto de una atención especial.

Siempre privilegió el contacto directo, personal; el hablar con la gente y saludarla. En todos los encuentros siempre se tomaba el tiempo para entregarse a las personas.

La misericordia hacia el prójimo le hacía olvidar las ofensas y perdonar a los enemigos.

El ejemplo más claro de su caridad hacia el prójimo fue el perdón a su agresor, el terrorista turco Alí Agca, en 1981. Como se ha mencionado, sus secretarios, monseñor John Magee y el ahora cardenal Stanislaw Dziwisz, contaron que en el momento del ataque Juan Pablo II creyó que se había tratado de una bomba y que cuando vio sangre en su dedo y en la faja de su túnica le dio gracias a Dios por haberle concedido la gracia de derramar su sangre ahí en el Vaticano, justamente en el día de la fiesta de la Virgen de Fátima. Estaba consciente del significado del atentado en ese día. Vivió toda la convalecencia con un espíritu de agradecimiento al Señor por haber sufrido por la Iglesia. Al igual que lo hiciera Jesús en la cruz, perdonó inmediatamente a su agresor. Según monseñor Magee, el ataque tuvo un influjo enorme sobre la forma de ejercer su ministerio. Se volvió más más fuerte, más seguro.

Por su parte, su secretario durante 40 años, el cardenal Dziwisz, afirmó que nunca escuchó a Juan Pablo II hablar con rencor del agresor que había intentado matarlo. Le escribió incluso una carta, que no quiso que se publicara, en la que le decía: "¿Cómo podremos presentarnos ante Dios, si aquí en la Tierra no nos perdonamos recíprocamente?" Juan Pablo II dejó la justicia en manos del Estado italiano, al que le competía castigar al turco Alí Agca; él fue a visitarlo en la cárcel, recibió a su madre y a su hermano y no se opuso a la concesión de la gracia para su atacante.

También manifestó caridad hacia pueblos y naciones. En los años setenta Karol Wojtyla fue el primer obispo polaco en visitar una diócesis de Alemania del Este, a la cual nadie viajaba y en la que los católicos vivían como en una diáspora.

Junto con otros obispos polacos, en 1965 dirigió una carta a los obispos alemanes en favor de la reconciliación, después de las tensiones entre los dos episcopados provocadas por la segunda guerra mundial. Para Wojtyla la reconciliación era un imperativo moral.

El cardenal Meisner, arzobispo de Colonia, contó que Juan Pablo II tuvo otra manifestación de caridad hacia la Iglesia alemana cuando decidió organizar la Jornada Mundial de la Juventud en Colonia. Le dijo que había tomado esta decisión porque en la Alemania del siglo xx habían nacido los dos grandes movimientos negativos de las guerras mundiales y que él deseaba que a finales de ese siglo, del noble pueblo alemán partiera un gran movimiento positivo hacia Europa y el mundo. Le pareció extraordinario que el representante de uno de los *subhombres*, como el régimen nazi denominaba a los polacos, quisiera exaltar los valores positivos de una nación enemiga.

Prudencia

❝ ¿Qué debe hacer el nuevo Papa para actuar prudentemente? —se preguntó Juan Pablo II en su primera audiencia general—. Sin duda, debe hacer mucho en este sentido: **aprender siempre y meditar incesantemente sobre los problemas.** Pero, además de esto, ¿qué puede hacer? Orar y procurar tener el don del Espíritu Santo, que se llama don del consejo.

"Prudente no es —como frecuentemente se cree— el que sabe arreglárselas en la vida, y sacar de ella el mayor provecho, sino quien acierta a edificar la vida toda según la voz de la conciencia recta y según las exigencias de la moral justa." (Juan Pablo II, audiencia general, 25 de octubre de 1978.)

Juan Pablo II ejerció la virtud de la prudencia, gracias a su íntima comunión con Dios a través de largas horas de oración.

Es así como, en sus momentos de recogimiento, supo analizar y evaluar las diversas cuestiones de su ministerio, desde las de carácter planetario, como el diálogo interreligioso, hasta las más comunes, como los consejos a sus colaboradores o los llamamientos en situaciones políticas y sociales difíciles. Las personas que estuvieron cerca de Juan Pablo II en las diferentes fases de su vida han coincidido en que, antes de tomar cualquier resolución, solía rezar. No acostumbraba tomar decisiones apresuradas, prefería reflexionar con calma y dedicarse a la oración, fuente constante de su inspiración.

En muchas ocasiones, su secretario, el cardenal Stanislao, nos comentó que las decisiones más importantes las tomaba no en su escritorio, sino en la capilla, arrodillado ante el Santísimo Sacramento. Durante su largo y fértil pontificado, Juan Pablo II se dejó guiar por una especie de sabiduría sobrenatural; con su prudencia logró hacer frente a grandes cambios y supo preparar a la Iglesia y el mundo para afrontarlos.

El cardenal Angelo Sodano, quien durante 15 años fungió como su secretario de Estado, fue testigo de la prudencia de Juan Pablo II. Según él, el Papa vivió esta virtud como sólo los santos pueden hacerlo. Recogía de la historia una visión sobrenatural de la misión del pontificado. En los momentos de grandes decisiones, acudía al don de la prudencia con una más intensa oración, como, por ejemplo, el *Veni, Sanctae Spiritus*, cántico con el cual se invoca al Espíritu Santo.

Fue así como, desde el inicio de su pontificado, tomó decisiones importantes para su ministerio pastoral y la vida de la Iglesia, las cuales, con el pasar del tiempo, resultaron muy acertadas, como por ejemplo sus viajes —a pesar de que algunos no aprobaban el ritmo y frecuencia de éstos— o su atención especial a los jóvenes, a quienes desde el principio calificó de "esperanza de la Iglesia y del mundo".

En el ámbito del ejercicio de esta virtud también fue muy significativo su compromiso en favor de la paz en el mundo y su llamado a las grandes religiones a trabajar, partiendo de la fe en Dios, por la conciliación de los pueblos. Muchos de sus colaboradores convienen en que se trató de una decisión profética que reveló la importancia de las religiones en la construcción de la paz en el mundo y que permitió a Juan Pablo II oponerse fuertemente al fanatismo religioso y a las guerras en el nombre de Dios.

Una de las primeras muestras de prudencia la dio al decidir llevar a cabo la mediación entre Chile y Argentina por el canal del Beagle; Juan Pablo II sintió que era su deber de padre intervenir ante los dos gobiernos militares de entonces. Envió como su representante a ambos países al cardenal Antonio Samoré, quien obtuvo como primer logro una promesa de paz y después, en 1984, impulsó una negociación que desembocó en un tratado. En ambas naciones, Juan Pablo II es recordado como una bendición, como el Papa de la reconciliación y de la paz.

Su prudencia quedó reflejada incluso en sus discursos ante los organismos internacionales, incluida las Naciones Unidas; frente a los hombres de varias culturas y religiones; en presencia de los musulmanes, los judíos o los cristianos apartados de la Iglesia. En esos discursos trataba temas difíciles acerca de la fe, la moral, la libertad religiosa, el respeto a los derechos humanos. Presentaba los problemas con una gran prudencia, exponiendo la verdad de la Iglesia, sin por eso ofender los sentimientos o las convicciones de los demás. A pesar de su apertura al diálogo a todos los niveles, el postulador de la causa de beatificación, monseñor Slawomir Oder, logró demostrar que Juan Pablo II nunca abandonó la prudencia y jamás tuvo actitudes ingenuas o imprudentes hacia los miembros de otras religiones.

En varios viajes, tuvo que dar muestra de esta virtud cardinal. Uno de ellos fue el que realizó a Chile en 1987. A pesar de las objeciones del general Pinochet, él decidió mantener una reunión con representantes de la oposición. El secretario de Juan Pablo II nos comentó además, que durante su encuentro privado con el general el Papa le habría dicho que había llegado el momento de abrirse a la democracia.

Después de no mucho tiempo, en Chile se dio la transición. Según su secretario, el Papa actuó con "prudente determinación y con un gran espíritu pastoral".

También se mostró muy prudente durante su visita a San Salvador, donde las autoridades no habían permitido que visitara la tumba de monseñor Óscar Romero, asesinado mientras celebraba una misa.

En el aeropuerto, Juan Pablo II estrechó la mano del mayor Roberto d'Aubuisson, considerado uno de los autores intelectuales del asesinato del prelado. Sin embargo, al pasar frente a la catedral cerrada, pidió que los coches se detuvieran para poder bajar y exigió que le abrieran la puerta para rezar frente a su tumba. Como la zona había sido cercada, nadie se habría enterado de esto, pero al final de la misa el Papa informó a los fieles de su visita. A Juan Pablo II le habían comentado que monseñor Romero se había convertido en un mártir de la izquierda, y como no quería que fuera utilizado políticamente, no lo calificó de mártir, sino de "celoso pastor".

Cuando en el Jubileo del Año 2000 el Papa se preparaba para celebrar el día de oración por los mártires del siglo xx, Andrea Riccardi, fundador de la Comunidad de San Egidio, le hizo ver que faltaba el nombre de monseñor Romero. Él le contestó que le habían dicho que era una bandera de la izquierda. Riccardi le recordó que había rezado sobre su tumba y había dicho algo como "Romero es nuestro". Después de escucharlo, Juan Pablo II pidió hablar con el cardenal Edward Cassidy, quien le habló del valor del sacerdocio y del martirio de monseñor Romero. Al final, su nombre apareció entre los nuevos mártires.

También durante su viaje a Rumania fuimos testigos de la prudencia de Juan Pablo II. Se trataba de la primera visita de un Papa a un país de mayoría ortodoxa. Los fieles católicos habrían querido que éste visitara el interior, donde las comunidades católicas son más numerosas, pero las autoridades ortodoxas restringieron la visita papal a la ciudad de Bucarest; en caso contrario, anularían los encuentros con Juan Pablo II. Si bien el nuncio le pidió que fuera a visitar a las comunidades católicas, el Papa decidió aceptar las condiciones de los ortodoxos, porque en ese momento la prioridad era el encuentro con la Iglesia ortodoxa rumana.

Juan Pablo II fue bien recompensado porque, al final de la misa en la Plaza Podul Izvor, surgió de la multitud presente —unas 200 000 personas, entre católicos y ortodoxos— el grito "¡Unidad, unidad!", que quedó resonando para siempre en los oídos del Papa. En ese momento, todos entendieron que Juan Pablo II había tenido razón al actuar con prudencia y humildad, porque un pequeño paso, por nimio que sea, siempre es un paso hacia delante.

Los colaboradores de Karol Wojtyla en Polonia fueron testigos de la manera en la que ejerció la prudencia durante el régimen comunista. Aunque la situación era complicada, él, sin embargo, actuaba libre y abiertamente. En su trabajo pastoral e intelectual, intentaba obrar con la verdad y el amor hacia todos. Ésta era su fuerza. Su prudencia le permitía ser verdaderamente valiente. Evaluaba y juzgaba la realidad desde las alturas inalcanzables de la política. Cuando los comunistas se dieron cuenta, era demasiado tarde para pararlo. La única posibilidad que tenían era intentar eliminarlo. A sus colaboradores les aconsejaba que, en caso de que fueran interrogados por la policía secreta, no mintieran pero evitaran la locuacidad y sobre todo escucharan atentamente. Aleksander Kwasniewski, presidente de la República de Polonia, reconoció en muchas ocasiones que la acción de Juan Pablo II en su patria se caracterizó por una gran prudencia; incluso durante el régimen comunista, la relación con las autoridades fue correcta y el Papa, que rechazaba los extremismos, demostró siempre un gran sentido de responsabilidad y cuidado, y, al mismo tiempo, mucho valor. Según él, buscaba el acuerdo, aunque fuera muy difícil.

Juan Pablo II también era prudente con la gente común. Sabía alentar a los hombres a caminar y madurar moral e intelectualmente en la sencillez. Era como si hubiera querido madurar con ellos. No se sentía su superioridad, aunque sí se advertía su gran autoridad moral. Carecía de ambiciones terrenales. La política en tanto que búsqueda del poder no le interesaba en lo absoluto. Por eso su prudencia no era humana y temporal sino, más bien, sobrenatural. Decía siempre que debía buscarse la verdad, que es la persona de Cristo en cada hombre, sin excepción.

Al respecto, uno de sus principales colaboradores polacos en el Vaticano contó que en una ocasión le dijo al Papa que, en su opinión, se tiene la impresión respecto de algunos hechos históricos de que la Providencia a veces usa acontecimientos aparentemente muy negativos para obtener algo bueno. Él le dijo que tal vez tenía razón pero, añadió, "no es suficiente tener razón, lo importante es convencer a las personas de aceptar esa verdad y abrirse a ella".

Las religiosas a las que el entonces arzobispo de Cracovia invitó para que asistieran a las madres solteras fueron testigos de cómo se conjugaban en él la prudencia, la sencillez, la inteligencia y su apertura hacia cualquier ser humano, ya que sabía no sólo entender los problemas que se le presentaban, sino también cómo resolverlos. El arzobispo ayudaba económicamente a las madres solteras, pero entendió que la ayuda monetaria no era suficiente y que debía dárseles una casa para poder criar a sus hijos.

En mayo de 1974, hizo un llamado a los sacerdotes acerca del imperativo moral de salvar las vidas concebidas y evitar el aborto. Le pidió a la madre provincial de su congregación que se hiciera cargo de aquellas muchachas. Ella tenía muchas dudas. Estaba preocupada por la reacción de las monjas más jóvenes, en quienes —pensaba— quizá se despertaría el instinto materno y abandonarían la congregación. El arzobispo le dijo que había que correr el riesgo, porque él sabía que ésta era una cosa de Dios y lo que ella temía no sucedería.

Los hechos confirmaron su intuición, así como la sabiduría de sus decisiones y consejos. De hecho, ninguna monja abandonó la congregación por este motivo, es más, hubo un incremento de las vocaciones. De 1974 a 1978 las religiosas hicieron nacer 70 niños de madres que llegaron de toda Polonia. Estaban convencidas de que la del arzobispo de Cracovia era "una santa audacia pastoral", porque oficialmente no podía hablarse de la obra de la casa hogar. Las muchachas se enteraban de su existencia al confesarse o por algún anuncio en la iglesia.

Cuando estaba a punto de viajar para participar en el cónclave, le dijeron que la casa se había vuelto demasiado pequeña. Karol Wojtyla les indicó a las madres que compraran una más grande, pero que no pareciera instituto religioso. Les dio de su bolsa la mitad del dinero que necesitaban y les dijo que le pidieran lo demás al arzobispado. El arzobispo de Cracovia quería que dentro del hogar hubiera un clima familiar y un asistente espiritual para que las jóvenes pudieran confesarse o hablar con él. También les pidió que fueran muy discretas, que no pusieran ningún cartel afuera. Permitió que a los niños se les bautizara en su capilla para que la gente no empezara a hablar de la ausencia de los padres.

Su obra continúa actualmente, e incluso llegan a la casa hogar muchachas de otros países. Hasta hoy, han sido acogidas cerca de 1 600 madres solteras.

Muchos testigos hablaron de la actitud de Juan Pablo II con los jóvenes de todo el mundo, marcada por la apertura generosa pero prudente. Era su gran amigo, su guía, pero sin dejar de ser estricto y exigente.

Los colaboradores de Juan Pablo II tanto en el Vaticano como en las diversas nunciaturas quedaron profundamente impresionados por la prudencia del Papa al afrontar los temas más difíciles. Juan Pablo II solía reunir a los colaboradores más directamente relacionados con alguna problemática para estudiar con ellos cómo proceder y, así, responder mejor a la voluntad de Dios, a las expectativas del mundo y de la Iglesia al respecto. El Pontífice exponía brevemente el objetivo del encuentro y luego escuchaba a los presentes. Al final extraía algunas conclusiones acerca de lo que había que hacer.

El vaticanista Luigi Accattoli, de *Il Corriere della Sera*, que siguió todo el pontificado de Juan Pablo II y escribió varios libros sobre él, se preguntó en una ocasión cómo se concilian con la virtud de la prudencia los "excesos" del Papa. Él mismo solía decir que en algunas circunstancias debe actuarse *per excessum*. Así respondía, por ejemplo, a quienes lo criticaban por la demasía de sus viajes, de sus convocatorias a sínodos, de los beatos y santos que proclamó, de sus discursos; de pedir tantas veces perdón o de abogar con demasiada frecuencia en contra de la guerra y en favor de la vida. Accattoli estima que estos excesos tenían siempre su motivación en el anhelo misionero de Juan Pablo II. Con los discursos y los viajes quería llegar a todos; con los sínodos, poner en movimiento a las diferentes Iglesias; con las beatificaciones y canonizaciones, ofrecer modelos que seguir para animar a la comunidad: en su intención, la purificación de la memoria servía para aclarar a la gente las incomprensiones acumuladas durante siglos.

"Su prudencia ha sido la del misionero del mundo que apunta a implicar a toda la Iglesia en la acción misionera." (Luigi Accattoli, vaticanista.)

Justicia

La convicción de que todo ser humano, como criatura hecha a imagen y semejanza de Dios, y, por lo tanto, portadora de una dignidad, debe defenderse a como dé lugar, hizo que Juan Pablo II ejerciera la justicia hacia Dios y hacia los hombres a lo largo de toda su vida.

Creía firmemente que el valor de una sociedad depende de la forma en la que ésta trata a sus miembros más débiles y sufridos. Su visión, al mismo tiempo antropológica (¿qué es el hombre?) y cristocéntrica (Cristo está en el centro de todo acontecimiento humano), probablemente nació de su experiencia durante la segunda guerra mundial y, más tarde, a lo largo del régimen comunista. Desde su adolescencia supo lo que era la guerra, la pobreza, el trabajo duro y los atropellos de los gobiernos totalitarios. A partir de entonces tuvo hambre de justicia y encontró en el Evangelio la respuesta a sus interrogantes al respecto.

Como todo hombre "justo", en el sentido bíblico, Juan Pablo II sabía agradecerle a Dios los dones que le había dado y, a la vez, aceptar sufrimientos como las muertes de su madre, su padre y su hermano Edmund, que marcaron de manera dramática su existencia.

De hecho, su vocación sacerdotal maduró en el periodo en el que debió trabajar en las canteras de la fábrica Solvay para evitar que lo llamaran al Ejército. Esta situación, agudizada por la pérdida del padre, hizo que Karol Wojtyla, de apenas 20 años de edad, decidiera entregarse completamente a Dios. Fue un acto de humilde reconocimiento de sí mismo como criatura totalmente dependiente de Él, y por esta razón sacrificó sus aspiraciones artísticas. De acuerdo con el postulador de la causa, Karol Wojtyla en ese momento se encontró ante el drama de la obediencia a la voluntad de Dios. A pesar de que hubiese creído que su vocación era la literaria, entendió que tenía que servir a Dios en el sacerdocio. Dejó de lado el amor por el teatro y la poesía, y en un acto de justicia hacia Él, que no dejó de ser doloroso, aceptó seguir el camino del sacerdocio.

Esta relación de absoluta fidelidad a Dios fue vivida con creciente intensidad después de la elección del sacerdocio y se expresó en forma heroica en la vida de oración de Juan Pablo II. A pesar de todos los compromisos cotidianos, el Papa no dejó de rezar ni un solo día, hasta el fin de su vida. Todas las mañanas, a las 7, en su capilla privada celebraba una misa, aunque fuera a celebrar otra públicamente el mismo día.

Participar en esa misa privada era una experiencia muy fuerte. Tuve la suerte de hacerlo en diversas circunstancias y siempre quedé impactada por la forma en que Juan Pablo II rezaba. Cuando hacían pasar al grupo de unas 20 personas invitadas para ese día, el Papa ya se encontraba en la capilla. Estaba arrodillado, con las manos en el rostro y ni siquiera se daba cuenta de que alguien había entrado. Se tenía la impresión de que no estuviera ahí, sino totalmente en otra dimensión. Se percibía con mucha fuerza que estaba en contacto directo con Dios. Su forma de recogimiento era visiblemente diferente a la de todos los demás. Varios colaboradores han contado que a veces, cuando estaba solo en la capilla, oían voces, como si hablara con alguien. De joven, lo encontraban totalmente tirado en el piso frente al Santísimo.

Después del atentado del 13 de mayo de 1981, al cabo de una operación de cerca de seis horas, y un periodo en terapia intensiva, al despertarse le preguntó como si nada a su secretario, don Stanislao: "¿Hemos rezado ya la *compieta*?"

De la eucaristía, Juan Pablo II sacaba las fuerzas para su misión.

Todos los nuncios que lo recibieron en sus viajes por el mundo me contaron en diferentes circunstancias que al volver de jornadas agotadoras a la nunciatura siempre se retiraba en la capilla para agradecerle a Dios lo que había podido realizar ese día. En muchas ocasiones los nuncios, al despertarse al día siguiente, lo encontraban ya en la capilla. A veces ni siquiera dormía.

El nuncio en México, monseñor Justo Mullor, me contó que durante su cuarta visita a México, después del inolvidable encuentro en el Estadio Azteca, Juan Pablo II volvió a la nunciatura muy feliz, porque le comentó que el ver juntas a varias generaciones de mexicanos había representado para él una síntesis maravillosa de México. Esa noche, el Papa se acostó temprano pero hacia las 11 se levantó y se fue a la capilla hasta las 6 de la mañana. Su secretario le comentó a monseñor Mullor que había estado rezando toda la noche para agradecerle a Dios haber podido entregar en México la exhortación postsinodal del sínodo para América.

Los organizadores de los viajes papales siempre procuraban que al visitar alguna residencia o institución religiosa, Juan Pablo II no pasara frente a una capilla porque temían que entrara y se pusiera a rezar, lo cual significaba retrasar un programa de por sí ya cargado.

Lo mismo sucedía en las iglesias que visitaba. Siempre se arrodillaba frente al altar principal y nadie podía acercarse para decirle que no había mucho tiempo. Era su forma de cargarse y encontrar la mejor forma para enfrentar sus compromisos.

Las enfermeras y médicos que lo atendieron en todas sus hospitalizaciones en el Hospital Gemelli de Roma, han contado que Juan Pablo II se despertaba a las 5 de la mañana y empezaba a rezar. A las 7 celebraba o asistía a la misa celebrada por su secretario y durante el día leía el breviario o rezaba el rosario. Los domingos, sobre todo, a pesar de sus condiciones, quería ir a la capilla de su piso, el décimo, para rezar el ángelus.

Durante su hospitalización tras la fractura del fémur derecho, en 1994, la noche entre el 17 y el 18 de mayo, día de su cumpleaños, quiso estar despierto para darle gracias a Dios y a su madre por su nacimiento. Sintió que les debía ese sacrificio.

"Durante toda la noche, con su mano en mis manos me invitó a rezar con él y a dar las gracias por su nacimiento. A pesar del cansancio, me sentí dichosa por haber podido asistir al Papa en ese momento." (Hermana Margherita Brambilla, enfermera en el Gemelli.)

Juan Pablo II también ejerció la justicia hacia los hombres, al acatar su cometido como sacerdote, obispo, cardenal y Papa. Trabajaba mucho y nunca canceló un compromiso, excepto cuando, en las últimas semanas de su vida, sus condiciones físicas empeoraron dramáticamente.

Para no dejar de cumplir con su misión ni decepcionar a la gente que iba a verlo, ya fuera en el Vaticano o en el Hospital Gemelli, los miércoles y los domingos se asomaba por la ventana aunque no pudiera hablar y sólo se limitara a dar la bendición. Para él era justo hacerlo, porque los fieles habían hecho un esfuerzo para ir a verlo y escucharlo.

Cuando hacía viajes largos, nunca duraban más de 13 días, porque no quería estar fuera de Roma dos miércoles seguidos. Sabía que fieles de todo el mundo reservaban con meses de antelación su viaje a Roma e incluían un miércoles para poder participar de las audiencias generales.

Asimismo, era justo con sus colaboradores y con la gente necesitada. Durante los años en Cracovia, no cobraba sueldo en ninguno de sus cargos: el dinero lo destinaba a la diócesis. Sólo aceptaba las regalías de sus libros o artículos, y con el dinero que recibía ayudaba a hombres de la cultura, estudiantes o enfermos.

Su chofer en esa época, el señor Jozef Mucha, confirmó el cuidado que el obispo Karol Wojtyla prestaba a las necesidades de sus colaboradores. Se ocupaba de sus casas, los ayudaba a ampliarlas, a construir los baños o a instalar la calefacción. Se preocupaba por las monjas que colaboraban con él, cuidaba de que se les diera un sueldo justo.

Además, bajo su pontificado, por primera vez se aceptó que hubiera un sindicato independiente de los empleados de la Ciudad del Vaticano, y así hubo reivindicaciones laborales, gracias a la presencia de un Papa que viajaba por el mundo defendiendo los derechos de los trabajadores.

Sus colaboradores en la sección polaca de la Secretaría de Estado en muchas ocasiones han contado que el Papa estaba pendiente de sus horarios. Si, debido a alguna traducción de última hora, debían quedarse hasta muy tarde, los hacía llamar por medio de su secretario para preguntarles cómo iban, e incluso a veces les pedía que antes de irse pasaran a su departamento, para poder agradecerles personalmente el esfuerzo que habían hecho.

Como hombre justo, Juan Pablo II nunca criticó a nadie, incluso cuando llegaban hasta él insinuaciones de alguna falla de un colaborador o de un médico que lo atendía. En una ocasión, la madre Tecla, quien lo asistía después de la operación del fémur derecho, al verlo caminar con el bastón le planteó que a lo mejor los médicos le habían colocado una prótesis inadecuada. "Madre Tecla, no es así —le contestó el Papa—, todo se ha hecho bien. Lo que pasa es que sólo con mis sufrimientos puedo ayudar a la Iglesia y al mundo."

Debido al sentido de justicia que le animaba, Juan Pablo II hizo de su pontificado una cruzada a favor del hombre. Estaba convencido de que el ser humano es "el primer camino que la Iglesia debe recorrer en el cumplimiento de su misión". Si hoy volviéramos a leer todos los discursos y documentos pontificios, nos daríamos cuenta de que la palabra más pronunciada por el Papa fue *hombre*. Y no es una casualidad que quisiera dedicar su primera encíclica, *Redemptoris hominis*, justamente al ser humano. Él mismo, al visitar el campo de concentración de Brzezinka, declaró: "¿Puede todavía extrañarse alguien de que el Papa nacido y educado en Polonia, el Papa que llegó a la sede de san Pedro desde la diócesis en cuyo territorio se encuentra Auschwitz diera inicio a su primera encíclica con las palabras Redemptor hominis, y que la dedicara en conjunto a la causa del hombre, a las amenazas contra él y, en fin, a sus derechos inalienables, que tan fácilmente pueden ser pisoteados y aniquilados por sus semejantes?" Su cruzada, sin embargo, no era la consecuencia de una visión político-social, sino de su convicción de que el ser humano "es el hermano de Cristo, redimido por Cristo".

El convencimiento de que el hombre había sido hecho a imagen y semejanza de Dios hacía que para Juan Pablo II la defensa de la primacía del ser humano significara, ante todo, defender el derecho sagrado a la vida. Su inviolabilidad desde el momento de la concepción hasta la muerte natural era, para el Papa, el punto de partida de cualquier mundo que quisiera considerarse verdaderamente humano.

Un conocido comentarista italiano, Giovanni Testori, al día siguiente de la elección de Juan Pablo II, escribió un articulo profético: "Este Papa —dijo— será el Papa del vientre". Quería decir que sería el Pontífice de la maternidad. Probablemente no es una casualidad el que la mayoría de las gracias recibidas por intercesión de Juan

Pablo II después de su muerte hayan sido concedidas a parejas estériles o con serios problemas para llevar a cabo un embarazo.

A lo largo de su pontificado, muchas veces escuchamos a Juan Pablo II "gritar" en defensa del ser humano. Uno de los gritos inolvidables para mí fue el que escuchamos en la tierra del Papa Juan XXIII, en 1981. Mientras Italia se preparaba para el referéndum que daría como resultado el refrendo de la legalización del aborto, en el umbral del templo de Sotto il Monte, con un viento fortísimo y entre relámpagos impresionantes, le preguntó, gritando, a los fieles ahí reunidos: "¿Nos es lícito a nosotros los hombres quitar la vida al ser humano inocente, por el que Cristo ha dado su vida?" El Pontífice añadió en esa ocasión que, "si se concede el derecho de ciudadanía al asesinato del hombre cuando está aún en el seno materno", se emprende un declive de consecuencias incalculables.

Tres semanas más tarde, en Italia se refrendó la legalización del aborto, y a los cuatro días Juan Pablo II fue víctima del atentado en la Plaza de San Pedro. Los que bien lo conocíamos nos preguntamos si estaría sufriendo más por el atentado o por la aprobación del referéndum. Él mismo nos dio la respuesta, meses después, cuando, al recibir al Sacro Colegio Cardenalicio con motivo de la Navidad, reveló que durante la larga hospitalización había pensado mucho en "el significado misterioso, en la señal arcana que llegaba como del cielo, en la prueba que había puesto en peligro mi vida, casi como si fuera un tributo de expiación por este rechazo oculto o manifiesto a la vida humana".

Es innegable que su acción en el campo social fue una de las características más evidentes de su pontificado y una de las manifestaciones más patentes de la virtud de la justicia. ⊘

De hecho, no hubo un solo viaje en el que Juan Pablo II no defendiera al ser humano y no denunciara la violencia, la injusticia, las discriminaciones por razones de raza o religión. Siempre nos decía, cuando se acercaba a nosotros en el avión durante alguno de sus viajes, que "quería ser la voz de los que no tienen voz", ya fueran indígenas, obreros, campesinos o mineros.

En una ocasión nos comentó que, al morir, Dios le pediría cuentas y le preguntaría cuántas horas había estado con los pobres y no cuántas había pasado con los poderosos.

En todos sus viajes pidió encontrarse con los grupos más marginados, porque estaba convencido de que Dios nos juzgará por el modo en que enfrentamos las necesidades de la gente en situaciones de pobreza, hambre y enfermedad.

Desde su primer viaje a México, quedó claro su sentido de la justicia social. Cómo olvidar que Juan Pablo II tuvo su primer encuentro como Papa con los más pobres y oprimidos: con la comunidad indígena en Oaxaca.

Una de las imágenes más inolvidables de su pontificado es el abrazo a un niño indígena. Incluso su fotógrafo oficial, Arturo Mari, me comentó en una ocasión que ésa era una de las fotografías que más quería.

Ahí tuvo también su primer diálogo con un representante indígena, el cual, tuteándolo, le habló de las angustias y los sufrimientos de los indios de México, que viven, le dijo, relegados en la sierra, sintiéndose extranjeros en sus propias tierras. Esteban Hernández era el nombre del indígena que, visiblemente conmovido, le hizo saber al Pontífice que los indígenas mexicanos viven peor que sus animales. Juan Pablo II mostró entonces, por primera vez desde su elección, su alto sentido de la justicia. En el Valle de Cuilapan, afirmó que "la Iglesia defiende el derecho a la propiedad privada, pero que sobre ésta pesa una grave hipoteca social, para que los bienes sirvan al bienestar común", porque Dios les ha dado ese destino.

Recuerdo uno de los encuentros que, en la misma línea, más me llamó la atención. Fue el que Juan Pablo II mantuvo, años más tarde, con los representantes de un pueblo indígena en Popayán, Colombia. El protagonista de ese encuentro fue Guillermo Tenorio, escogido para dar la bienvenida al Papa. Desde el altar en que se encontraba Juan Pablo II, el representante indígena se refirió al martirio, al desprecio, a la marginación del pueblo nativo por parte de los conquistadores, así como a la ayuda recibida de algunos sectores de la Iglesia, acusados por esto de subversivos. Cuando pronunció el nombre del padre Álvaro Orcue, asesinado, precisamente, por su solidaridad con los indígenas, un sacerdote se acercó a Guillermo Tenorio, lo alejó del micrófono y lo llevó hacia el Papa dando por terminado su polémico discurso. Juan Pablo II, visiblemente sorprendido, primero dijo que tenía su mensaje y lo iba a leer. Luego, mientras todos le gritaban al indígena: "Sigue, sigue", el Papa decidió que Guillermo continuara hablando y le devolvió la palabra. Su decisión fue acogida con una apoteosis. Tras escuchar la petición de Guillermo de ser visitados por una comisión de los derechos humanos que incluyera a un sacerdote, Juan Pablo II afirmó que "la Iglesia no puede permanecer silenciosa ni pasiva ante la marginación de muchos indígenas, por eso los acompaña valiente y pacíficamente, de acuerdo con las enseñanzas del Evangelio".

Por otra parte, sus encuentros con los obreros, sus llamados a los empresarios para que no consideraran a sus trabajadores simples eslabones de una cadena de producción, sino seres humanos con derechos y dignidad, le valieron la etiqueta de Papa progresista en lo social.

Juan Pablo II proclamó en los cinco continentes las reivindicaciones de una mayor justicia social y de un sistema en el que "el trabajo se organice en función del hombre y no el hombre en función del trabajo". En todas las latitudes defendió los derechos de los trabajadores, desde la seguridad en el puesto de trabajo, hasta la remuneración justa y el derecho de asociarse en sindicatos, e incluso el de huelga, siempre y cuando no se abusara de este medio de presión.

El cardenal Sarajva Martins, al hablar de la manera heroica en la que Juan Pablo II ejerció la virtud de la justicia, me comentó que si leyéramos hoy sus mensajes en ocasión de las jornadas mundiales de la paz nos daríamos cuenta de que son verdaderas clases de amor a la justicia. Son documentos muy valiosos que demuestran que fue un gran apóstol de la justicia, de la justicia social. "Desde el principio dijo que el hombre era el camino de la Iglesia y siempre estuvo del lado del hombre. Caminó con los hombres, defendió su dignidad humana, sus derechos fundamentales contra toda injusticia. Para él la justicia tenía que basarse en la verdad, en la caridad, en la igualdad y en el perdón."

Otra muestra del ejercicio de la virtud de la justicia por parte de Juan Pablo II fue el apoyo que le brindó a Solidaridad, el primer sindicato independiente del Este europeo. Durante las históricas manifestaciones en los míticos astilleros de Gdansk, el mundo entero vio en las rejas del lugar las fotografías del Papa y de la Virgen Negra de Czestochowa. En esa batalla por la justicia y la libertad, no se derramó ni una gota de sangre. La máxima inspiración del movimiento del electricista Lech Walesa habían sido las palabras pronunciadas por Juan Pablo II durante su primer viaje a Polonia, en junio de 1979, cuando el Papa había pedido a los polacos que dejaran entrar a Cristo en la vida de su sociedad. "No se puede excluir a Cristo de la historia del hombre", afirmó en la Plaza de la Victoria, ante una cruz (impresionante: de 15 m de altura) que jamás se había visto en el país durante el régimen comunista. Y agregó: "La exclusión de Cristo de la historia del hombre es un acto dirigido contra el hombre mismo".

El Papa también fue muy claro durante su estancia en el santuario mariano de Czestochowa, donde, ante un grupo de mineros y obreros de Silesia, afirmó que "el trabajo libera al hombre de la esclavitud, en el sentido de que a través de él el hombre se vuelve dueño y no esclavo". Pero, con una visión profética de lo que sucedería con el nacimiento de Solidaridad, añadió que "el trabajo no puede ni debe estar separado de la oración, porque el hombre no vive de solo pan" y que "el trabajo y la oración deberían ser la base de la nueva generación de Polonia".

A lo largo del pontificado de Juan Pablo II, siempre me impresionó su certeza de poseer una fuerza interior que le permitía levantar la voz en contra de las injusticias y los atropellos.

Lo oí gritar con una fuerza casi apocalíptica en el Valle de los Templos, en Siracusa, Sicilia, cuando arremetió contra los hombres de la mafia:

"Nadie tiene derecho a pisotear el mandamiento divino de no matar. Sicilia tiene derecho a la paz y quienes son culpables de alterarla y llevan sobre sus conciencias la pérdida de tantas vidas humanas han de comprender que no es posible seguir matando inocentes.

"El pueblo siciliano no puede vivir oprimido bajo la presión de una civilización contraria a la vida, de una civilización de la muerte. En nombre de este Cristo resucitado, que es camino, verdad y vida, yo me dirijo a los responsables para decirles: CONVERTÍOS, PORQUE VENDRÁ EL JUICIO DE DIOS".

También lo oí gritar, levantando su báculo pastoral en el aire como si fuera una espada, al final de la misa celebrada en Managua, en donde grupos sandinistas habían orquestado una manifestación de protesta ante la cual Juan Pablo II, considerando el acto una profanación injusta de la misa, contestó que la Iglesia era la primera en querer la paz.

Asimismo, lo oí gritar en Ayacucho, Perú, baluarte de Sendero Luminoso, donde imploró a los terroristas que se convirtieran: "Cambiad el camino antes de que sea tarde, Dios os espera, convertíos a la causa de la reconciliación y de la paz, aún estáis a tiempo, muchas lágrimas de víctimas inocentes esperan vuestra respuesta".

Cuando, en la Polonia de los tiempos del comunismo, empezó a denunciar el régimen en sus homilías, le confesó a uno de sus colaboradores que al levantar la voz "sentía dentro de sí una fuerza especial, como un imperativo al cual no podía decirle que no".

Su sentido de justicia le hacía penetrar y entender las necesidades de la gente.

En su visita al Perú en 1985, Juan Pablo II visitó en Lima una zona muy pobre llamada Villa El Salvador. Había pura gente humilde. Se percató de que tenían hambre de Dios y éste era un valor que no debían perder, pero también se dio cuenta de que ahí había hambre verdadera. Al final de la ceremonia, el Papa dirigió su mirada hacia la multitud e improvisó en español: "¡Hambre de Dios, sí, hambre de pan, no!" Al respecto, el cardenal Juan Luis Cipriani, arzobispo de Lima, declaró:

"Su corazón de pastor y su amor por los pobres lo llevó a hacer una síntesis extraordinaria del amor a Dios y del amor al prójimo, que caló hondamente en la gente y hasta hoy es un lema que me ayuda mucho en mi labor pastoral".

Una manifestación muy evidente del sentido de la justicia de Juan Pablo II se encuentra también en las encíclicas sociales que escribió. Tal es el caso de *Dives in misericordia* (sobre la misericordia humana), en la cual "La Iglesia comparte con los hombres de nuestro tiempo este profundo y ardiente deseo de una vida justa bajo todos los aspectos y no se abstiene ni siquiera de someter a reflexión los diversos aspectos de la justicia, tal como lo exige la vida de los hombres y de las sociedades. Prueba de ello es el campo de la doctrina social católica ampliamente desarrollada en el arco del último siglo. Siguiendo las huellas de tal enseñanza, procede la educación y la formación de las conciencias humanas en el espíritu de la justicia, lo mismo que las iniciativas concretas, sobre todo en el ámbito del apostolado de los seglares, que se van desarrollando en tal sentido".

El Papa era un hombre que mantenía las promesas, ya fuese con las personas más cercanas o con la gente que encontraba en sus viajes. Fuimos testigos, por ejemplo, de cómo en septiembre de 1987, al viajar a Canadá, hizo una escala en Fort Simpson para cumplir una promesa hecha a las poblaciones indígenas y a los inuits, es decir, los esquimales. Tres años antes, el Papa no había podido aterrizar ahí debido a una fuerte niebla. Esa mañana, las poblaciones indígenas, que llevaban meses preparando la visita papal, incluso encendieron hogueras para que levantase la niebla. Pero no pudieron con la inclemencia del tiempo y el Papa se vio obligado a aterrizar en Yellowknife, capital de los Territorios del Noroeste de Canadá. Desde ahí grabó un mensaje para las poblaciones nativas y les prometió volver. Así lo hizo.

En 1993, al viajar a Denver para participar en la Jornada Mundial de la Juventud, hizo una escala en Mérida, Yucatán, para reunirse con los indígenas que no habían podido estar presentes en República Dominicana el año anterior, con motivo de los 500 años el encuentro entre dos culturas. De hecho, en México se reunieron indígenas de 52 etnias de todo el continente y el Papa dio muestra de su amor por el mundo indígena y de su admiración por su rica sabiduría heredada a lo largo de los siglos.

En la capital de esta entidad, Mérida, el Papa se dirigió a los indígenas mayas: "Conozco también las dificultades de vuestra situación actual y quiero aseguraros que la Iglesia, como Madre solícita, os acompaña y apoya en vuestras legítimas aspiraciones y justas reivindicaciones".

Juan Pablo II también practicó la justicia en circunstancias muy difíciles para él, como en el caso del Instituto para Obras de la Religión (IOR), mejor conocido como el Banco del Vaticano, implicado en la quiebra del Banco Ambrosiano. Por un lado, protegió de la justicia italiana a monseñor Paul Marcinkus, entonces director del IOR, por su presunta responsabilidad en la bancarrota de dicho banco; por el otro, decidió realizar una transacción con los bancos italianos, una especie de gesto de buena voluntad que le costó al Vaticano 406 000 000 de dólares. Después de que la situación se calmó, le quitó a monseñor Marcinkus todos sus cargos y lo envió de vuelta a una parroquia de los Estados Unidos.

Fortaleza

l ver por primera vez a Juan Pablo II asomarse por el balcón central de la Basílica de San Pedro, minutos después de su inesperada elección, adivinamos que había llegado un Papa fuerte y valiente. Era un hombre alto, joven, apuesto, con una voz profunda. Sus colaboradores le habían indicado que sólo debía dar la bendición, pero él no hizo caso y decidió dirigir su primer discurso, aunque breve, para establecer inmediatamente contacto directo con quienes estábamos en la Plaza de San Pedro, así como con millones de personas a través de la radio y la televisión. No le dio miedo romper el protocolo ni hablar en italiano. Al contrario, se echó a todos a la bolsa al pedir que "le corrigieran" si se equivocaba al hablar su lengua; mejor dicho, añadió, "nuestra lengua".

Seis días más tarde, en ocasión del inicio oficial del pontificado, Juan Pablo II demostró al mundo su fortaleza. A todos pidió, con esa frase que se convertiría en el lema de su misión, que no tuvieran miedo.

Karol Wojtyla no conocía el significado de la palabra "miedo". No lo tuvo cuando, a los nueve años de edad, volvió a su casa y encontró muerta a su madre. Ni cuando, años más tarde, murió su hermano Edmund, quien era médico, contagiado por uno de sus pacientes. Tampoco cuando, de regreso a su casa también, encontró muerto a su padre. A los 20 años ya no tenía a nadie en el mundo. Llegó la guerra, el hambre, el frío, la pobreza, el duro trabajo físico como obrero, pero no sintió miedo. El día que decidió renunciar a su vocación artística para seguir la religiosa tampoco tuvo miedo. No le asustó el nazismo ni el comunismo. Denunció con valor ambos totalitarismos.

No sintió miedo después de que el terrorista turco Alí Agca le disparó, casi matándolo, durante una audiencia general. Nunca quiso usar chaleco antibalas ni dejar de meterse entre la gente. No dejó de hacer viajes peligrosos ni de denunciar ante los poderosos las injusticias y los abusos. A los dictadores, tanto de izquierda como de derecha, les dijo lo que pensaba.

No temió a la enfermedad, al dolor físico, a la discapacidad ni a la muerte.

El secreto de su fortaleza era muy claro: la seguridad de estar en las manos de Dios, y Él era la única protección que necesitaba.

En sus años en Polonia, como obispo y arzobispo debió mostrar su fortaleza en la relación con las autoridades comunistas. Fue un hombre de diálogo, pero firme cuando se trataba de reivindicar los derechos de los fieles, luchar para construir una iglesia o realizar una procesión.

Las personas que estuvieron a su lado la tarde del 13 de mayo de 1981 quedaron impresionadas por su fortaleza. El ayudante personal, Angelo Gugel, quien iba en el jeep al lado del chofer, contó que, después de los tiros, se precipitó hacia la parte trasera y sostuvo la cabeza del Papa herido. Le tenía el brazo alrededor del cuello y vio cómo perdía sangre. Juan Pablo II no se quejaba, se mostraba sereno, y al jefe de la policía italiana encargada de la vigilancia en la Plaza de San Pedro le dijo repetidamente "gracias, inspector", con un tono de voz bajísimo. A su secretario le expresó algo en polaco, que todos interpretaron como una invocación a la Virgen.

En los siguientes días, el Papa nunca se quejó; y no sólo perdonó al atacante, sino que además ofreció sus sufrimientos por el bien de la Iglesia y del mundo. Se puso totalmente en las manos de Dios. Un amigo polaco, el profesor Stanislaw Grygiel, le dijo que "Dios se había servido de él en forma cruel"; Juan Pablo II le respondió que para un sacerdote no hay nada mejor que Dios se sirva de él.

Meses más tarde, viendo un programa de televisión sobre el atentado, Juan Pablo II le comentó a monseñor Vincenzo Paglia que, a pesar de la sugerencia de sus colaboradores, no estaba dispuesto a usar el chaleco antibalas, porque "el pastor debe estar siempre entre sus ovejas, incluso al precio de su propia vida".

El atentado en la Plaza de San Pedro no fue el único momento de peligro vivido por el Papa. Un año después, viajó a Fátima para agradecerle a la Virgen el haberle salvado la vida el 13 de mayo, día de su fiesta, y colocar en su corona una de las balas que casi lo habían matado. Durante una ceremonia, el sacerdote español ultraconservador Juan Fernández Krohn logró acercarse a Juan Pablo II con una bayoneta. El jefe de la seguridad vaticana, Camilo Cibin, logró detenerlo a un metro del Pontífice: le dobló el brazo, lo hizo caer y lo inmovilizó en el piso, pero con el cuchillo de la bayoneta logró herir ligeramente la pierna del Papa. Juan Pablo II ni se inmutó. Observó al atacante con una mirada serena, no asustada, y continuó su camino hacia el estrado. Luego volvió sobre sus pasos, como para cerciorarse de lo acaecido. El jefe de seguridad le pidió a los policías portugueses que, para que el Papa pudiera verlo, no se llevaran al agresor. Éste empezó a arremeter contra su víctima, quien lo escuchó mirándolo con cierto desconcierto y, al mismo tiempo, pena, por su evidente estado de desequilibrio. Al cabo de pocos minutos, el Pontífice volvió a dirigirse hacia el lugar del acto.

Un viejo amigo polaco del Papa desde los tiempos de la Universidad Católica de Lublino, contó en una ocasión que se encontraba con Juan Pablo II en la residencia de Castelgandolfo, cuando llegó la noticia de que el grupo terrorista de extrema izquierda de las Brigadas Rojas planeaba secuestrar a Juan Pablo II. El segundo secretario, monseñor Emery Kabongo, estaba aterrorizado, mientras el Papa recibía la noticia con mucha calma y serenidad, logrando tranquilizar a sus colaboradores.

Los periodistas que lo seguimos por el mundo fuimos testigos, en muchas ocasiones, de la fortaleza de Juan Pablo II, la cual se reflejaba en un equilibrio constante y un fuerte autocontrol.

Recuerdo que, durante un viaje de Italia a África, nos topamos con una gran tempestad. Vivimos momentos de mucho miedo, incluso los pilotos comentaron que nunca habían experimentado algo parecido, pero el Papa se quedó sentado, tranquilo, leyendo el breviario, sin mostrar ningún temor.

Nos tocó, asimismo, atestiguar manifestaciones de protesta, ataques y aun ultrajes, pero, con excepción de la reacción de indignación que vimos en Managua y la denuncia dramática de los crímenes de los mafiosos en Sicilia, Juan Pablo II nos pareció siempre un hombre capaz de dominar sus emociones ante las adversidades. El Papa siempre supo enfrentarlas, así como los diversos desafíos que se le presentaron, con valor y con la cabeza en alto. Su amigo de infancia, Jerzy Kluger, narró que Lolek —así lo llamaban— era muy bueno como portero cuando jugaban futbol y que esto se debía a su valor, pues siempre iba hacia el adversario y no le daba miedo tirarse a sus pies para detener su acción.

En la última parte de su pontificado fue cuando más pudimos palpar su fortaleza.

Después del atentado de 1981, el Papa volvió al Hospital Gemelli por un tumor en el colon, la fractura del fémur derecho, la luxación de la espalda y una apendicitis muy grave. Finalmente, el primero de febrero de 2005, ingresó en el hospital con una laringotraqueitis aguda y una crisis de espasmo laríngeo. A partir de entonces, su vida fue un verdadero viacrucis, que concluyó con su muerte dos meses más tarde, el 2 de abril.

Fuimos testigos de cómo, a principios de los años noventa, empezaron a aparecer los primeros síntomas de la enfermedad de Parkinson. Comenzó a temblarle una mano, luego la otra, poco a poco su paso se hizo incierto, empezó a doblarse, babeaba, su rostro se puso rígido y sus labios ya no se abrieron para sonreír. En las últimas semanas de su vida, después de la traqueotomía a la que fue sometido porque ya no lograba respirar, incluso perdió la voz. El Papa que había sido la voz de los que no la tienen, se quedó mudo para siempre.

En todas estas situaciones, Juan Pablo II mostró fortaleza. Pocas personas en el mundo, pocos jefes de Estado o de gobierno habrían aceptado compartir tantas limitaciones. Él siguió proclamando el Evangelio y viajando. Utilizó primero el bastón, con el que incluso bromeaba moviéndolo como Charles Chaplin, luego peanas y tronos móviles. Durante muchos años, no se dejó vencer por la enfermedad, continuó llevando a cabo su misión con la cruz puesta. Solía decir que Cristo no se había bajado de la cruz y que él tampoco lo haría. El doctor Rodolfo Proietti, quien lo atendió en el Hospital Gemelli, nos contó que en todos sus internamientos quería comunicarse con el mundo exterior. Los médicos intentaban ayudarle, pero en las dos últimas hospitalizaciones, antes y después de la traqueotomía, fue muy complicado, porque sus condiciones eran verdaderamente críticas. El Papa, sin embargo, mostraba una gran obstinación y no le importaba el enorme esfuerzo que representaba para él asomarse por la ventana de su cuarto del nosocomio.

La gente que llegaba para verlo en la Plaza de San Pedro o en el Hospital Gemelli captaba su fortaleza y algunos solían decirme, cuando los entrevistaba, que el Papa, con su ejemplo, les transmitía fuerza y valor.

Los médicos que lo atendieron a lo largo de los años también fueron testigos de su gran capacidad para soportar el dolor y de cómo intentaba ocultar sus sufrimientos, sobre todo frente a la hermana Tobiana y a su secretario, con el propósito de no angustiarlos.

Aún recuerdo la conmoción al ver a Juan Pablo II arrodillado en la gruta de las apariciones, en Lourdes: el Papa escogió ese santuario del sufrimiento para su último viaje, y, de hecho, mientras permanecía ahí estuvo a punto de caerse porque sus rodillas ya no sostenían el peso de su cuerpo. Entonces, le dijo al mundo que tenía la impresión de haber llegado a la meta final de su peregrinación.

Lo que más me impactó en esas jornadas estremecedoras fue que los enfermos que habían llegado a Lourdes estaban menos graves de salud que el Papa, no obstante de él obtenían fuerzas. Parecía algo absolutamente paradójico. Sin embargo, esos enfermos percibían su fortaleza y veían en él un ejemplo a seguir en cuanto a soportar y aceptar el dolor.

En los últimos tiempos, cuando ya no le salía la voz, fuimos testigos de su lucha indómita, vimos cómo golpeaba el atril tras darse cuenta de que no podía hablar, pero también atestiguamos cómo, ni siquiera tres días antes de morir, renunció a asomarse por la ventana para bendecir a los fieles, que empezaban a despedirse de él.

Se ponía la mano en la cánula que le habían puesto después de la traqueotomía para hacernos entender que él habría querido seguir comunicado con el mundo, pero ya no le era posible, por lo menos con palabras. Sin embargo, su última forma de comunicar, totalmente silenciosa, siguió transmitiéndonos, incluso con más vigor, su fortaleza.

Una de las imágenes imborrables, a pesar de que han transcurrido cinco años, es la de Juan Pablo II de espaldas, en su capilla privada, el último Viernes Santo de su vida, cuando nunca le vimos el rostro porque llevaba la cánula de la traqueotomía. Nos queda la imagen de él abrazado al crucifijo, parte inseparable del calvario de Cristo. Creo que otra imagen de su fortaleza que nos queda para siempre es la de un hombre que, a pesar de estar en una situación extremadamente delicada, se empeñó en ir a México para canonizar a Juan Diego. Durante la ceremonia en la Basílica de Nuestra Señora de Guadalupe vimos a un Papa que sufría visiblemente; daba la impresión de que, totalmente doblado sobre sí mismo en una silla que parecía demasiado grande, se abandonaba completamente en las manos de Dios, con la firme voluntad, sin embargo, de llegar hasta el final para despedirse de México con el más valioso de los regalos, es decir, Juan Diego santo.

Juan Pablo II demostró también su fortaleza cuando decidió pedir perdón por las injusticias realizadas por los cristianos a lo largo de la historia. Pidió perdón por la esclavitud, las Cruzadas, la persecución de cristianos por otros cristianos, el mal hecho al pueblo judío, las acusaciones injustas a hombres de ciencia como Galielo Galilei, los pecados contra las mujeres, los niños, los pobres y los más marginados.

Dentro de la Iglesia, no todos comprendieron su iniciativa. Juan Pablo II estaba consciente de que, para varios de sus colaboradores, el pedir perdón era un síntoma de debilidad. Él, sin embargo, estimaba que era todo lo contrario. Al explicar las motivaciones de su iniciativa tomada en ocasión del Jubileo del Año 2000, Juan Pablo II afirmó que tanto pedir perdón como aceptarlo conlleva una gran fuerza espiritual y un valor moral. El pedir perdón no disminuye a la persona, sino al contrario, enriquece su humanidad. Estaba convencido de que la purificación de la memoria requería un acto de valor y humildad. Él tuvo ese valor y no temió reconocer las culpas de los cristianos. @

Templanza

Juan Pablo II ejerció en forma heroica la templanza, virtud cardinal que consiste en moderar los apetitos y el uso excesivo de los sentidos, llevando un estilo de vida que fue ejemplo para muchos: en el trabajo, en el descanso, en el cuidado personal, en la utilización de los bienes fue muy disciplinado y dueño de sí mismo. En él la razón siempre fue más fuerte que las pasiones; la voluntad, más fuerte que el corazón.

Estaba convencido de que las virtudes cardinales son interdependientes y están unidas entre sí, pues no se puede ser un hombre verdaderamente prudente, ni auténticamente justo, ni realmente fuerte, si no se practica la templanza. Para él esta virtud era el denominador común de todas las demás.

Predicó la templanza sobre todo a los jóvenes, quienes durante todo su pontificado fueron sus interlocutores privilegiados. Les decía que *moderado* es quien no abusa de la comida o el placer; quien no toma bebidas alcohólicas en exceso, quien no enajena su propia conciencia mediante el uso de estupefacientes. Les advertía, en sus encuentros con ellos, que el espectáculo triste y bochornoso de un alcoholizado o un drogado nos hace comprender claramente que ser hombre es respetar la propia dignidad, o sea, dejarse guiar por la virtud de la templanza. Solía decirles que el hombre —concretamente el joven— moderado es dueño de sí mismo; en él las pasiones no predominan sobre la razón, la voluntad ni, incluso, el corazón.

El proceso de su causa de beatificación evidenció que, a pesar de tener continuamente compromisos y la necesidad de enfrentar numerosos problemas, a veces muy preocupantes y graves, Juan Pablo II siempre se mostró dueño de sí mismo, autocontrolado y sereno.

Trabajaba mucho, pero programaba bien su tiempo de trabajo, oración y audiencias. Sin embargo, también sabía descansar, por ejemplo realizando excursiones, tanto en Polonia como en Italia.

Desde joven mostró equilibrio y templanza, y, a pesar de vivir en condiciones muy difíciles, nunca dio muestra de nerviosismo. Demostró controlar tanto éste como la razón, los afectos y los sentidos, presentándose al mundo como una persona sobria, modesta, tranquila y púdica.

Sus compañeros de la época juvenil contaron que, cuando Karol Wojtyla trabajaba en la fábrica durante la ocupación, hacía muchos sacrificios y solía ayunar.

Cuando entró en el seminario, el metropolita (arzobispo de la Iglesia metropolitana) le pidió que lo ayudara a servir la misa antes o después del trabajo, y le ofrecía de comer. Él nunca pedía comida ni criticaba la que recibía. Siempre parecía no tener hambre, que ya hubiera comido. Nunca se le vio triste o nervioso debido al hambre.

La señora Danuta Michalowska, quien conocía al Papa desde los años del teatro, afirmó que nunca vio a Karol Wojtyla enojado. Cuando era actor, solía ser muy puntual. Era un hombre fuerte, hacía deporte, le gustaba esquiar. Nunca esperó o pidió tratos especiales. Jamás lo vio participar en una fiesta donde hubiera bebidas alcohólicas o se bailara.

El control sobre sí mismo era muy fuerte, porque tenía un carácter férreo; a veces era impaciente, pero sabía sobreponerse.

De acuerdo con sus colaboradores, Karol Wojtyla soportaba pacientemente las circunstancias difíciles. Como tenía un espíritu poético, acogía los imprevistos positivamente, los interpretaba como una petición de Dios para hacerle entender lo que estaba sucediendo en ese momento. Al principio de su pontificado, por ejemplo cuando las autoridades de Polonia no le permitieron ir a su tierra natal, en mayo de 1979, con motivo de los 900 años del martirio de san Estanislao, el Papa dijo con tranquilidad que si la Providencia lo había decidido así, no había problema: ya iría en junio.

Fuimos testigos de la templanza de Juan Pablo II en muchos momentos difíciles vividos a lo largo de sus viajes por el mundo. Uno de los más dramáticos fue el que debimos enfrentar a lo largo de la misa celebrada el 3 de abril de 1987 en el Parque O'Higgins, en las afueras de Santiago de Chile. Grupos de jóvenes organizaron una manifestación de protesta en contra del régimen del general Augusto Pinochet. Incluso antes de la llegada del Papa, comenzaron a empujar la valla metálica que separaba el sector del público de los de la prensa y del altar papal. Los carabineros empezaron a contener la red en sentido contrario. Se iniciaron, así, serios enfrentamientos, que se prolongaron durante toda la misa. Algunos jóvenes, probablemente provocadores, comenzaron a aventar piedras contra los fieles. En respuesta, los carabineros lanzaron gases lacrimógenos, cuyos efectos se sintieron aun hasta el altar, al grado de que a Juan Pablo II se le llenaron los ojos de lágrimas, debido a la irritación provocada por los gases. A pesar de la gravedad de la situación, continuó la ceremonia de beatificación de la madre Teresa de los Andes. En su homilía habló de reconciliación, mientras se escuchaban gritos de "Juan Pablo, hermano, llévate al tirano". Al final de la misa, el Papa se despidió casi con un grito: "El amor —dijo— es más fuerte que el odio". Su control y su serenidad, a pesar de sentirse muy afectado por lo sucedido, fueron ejemplares.

En septiembre de 1988, el Papa viajó a varios países del sur de África. Una vez más, no había querido visitar Sudáfrica, debido al régimen del *apartheid*. Pero, a pesar de su voluntad, acabó pisando tierra sudafricana: debido a las pésimas condiciones meteorológicas, en el traslado aéreo desde Botsuana hasta Lesotho el avión papal se encontró en medio de una tempestad. Al sobrevolar el tramo final, en Maseru, capital de Lesotho, el piloto advirtió que, a causa de las turbulencias, eran mínimas las posibilidades de aterrizar ahí. Intentó hacerlo en tres ocasiones, hasta que pidió autorización para dirigirse al aeropuerto más cercano, el de Johannesburgo. Durante aquel vuelo tan complicado, llamaron muchísimo nuestra atención, por un lado, el nerviosismo y la preocupación del séquito papal y, por el otro, la calma y la serenidad de Juan Pablo II, que acabaron por tranquilizar a todos.

Otro momento en el que fuimos testigos de la serenidad del Papa fue durante la misa celebrada en Jartum, Sudán, en febrero de 1993, en medio de un gran desorden y mucha tensión. Se trataba de un viaje muy difícil, porque desde hacía dos años en el país estaba vigente la ley islámica y, además, continuaba la guerra entre el norte árabe, musulmán, y el sur negro, animista y cristiano. Juan Pablo II conocía los riesgos que corría, pero había decidido hacer escuchar su voz para denunciar la violación de derechos humanos y la discriminación de la que eran objeto los cristianos en ese país. La policía detenía a toda la gente; incluso el organizador de los viajes papales, el cardenal Roberto Tucci, fue retenido en una sala. Debido a la tensión, al final de la misa algunos policías condujeron al Pontífice hacia un piso superior. El cardenal Tucci decía: "Hemos perdido al Papa". Además, durante la celebración había soldados prácticamente en el altar y nadie lograba alejarlos. Había mucho nerviosismo en el séquito papal y entre los periodistas; todos los presentes querían irse cuanto antes, pero el Papa mantuvo una gran calma y serenidad.

Sólo en algunas ocasiones vimos en Juan Pablo II gestos de impaciencia, debidos principalmente a sus limitaciones físicas o a la falta de algún elemento que lo ayudara en los momentos de dificultad. Sin embargo, éstos

—cuando movía con nerviosismo su bastón o golpeaba el atril— eran una forma de darse ánimo, una reacción a sus malestares para fortalecerse y seguir adelante. Nunca se trató de reacciones exageradas de enojo. Sólo algo no toleraba: que no le dejaran dedicar todo el tiempo que quería a la oración o el no tener el ambiente más apropiado para la meditación. Monseñor Piero Marini, quien fue su maestro de ceremonias, nos contó que en Kalvaria, en agosto del 2002, el Papa estaba rezando en la capilla de la Virgen. El órgano de la iglesia sonaba muy fuerte. Pidió que le bajaran el volumen, pero nadie lograba que el organista escuchara. Entonces, el Pontífice golpeó el reclinatorio para que le hicieran caso. Ese gesto de impaciencia se debió a que, en su opinión, en medio de tanto escándalo no podía entregarse completamente al diálogo con Dios.

Según sus colaboradores, Juan Pablo II no tenía cambios de humor importantes; su equilibrio emocional y su paz interior eran evidentes. De hecho, su sentido del humor no lo abandonaba nunca, ni siquiera en los momentos difíciles o inesperados. En cierta ocasión recuerda un prelado italiano, asesor de la Secretaría de Estado, estaba sentado a la mesa del Papa, donde se llevaba a cabo una discusión sobre un tema espinoso... Mientras Juan Pablo II seguía el debate con atención y serenidad, el cardenal, al no estar de acuerdo sobre un punto, golpeó la mesa con un puñetazo. El Pontífice lo miró y, con mucha tranquilidad y serenidad, pero con firmeza, dijo: "¡El monseñor golpea incluso la mesa del Papa!" Para el prelado fue una gran lección.

"Aprendí mucho de ese llamado a la moderación", confesó.

A Juan Pablo II no le gustaban las atenciones especiales, ni en las comidas ni durante sus viajes. Se comportaba como si fuera cualquier persona; es más, a veces se adaptaba mejor que otros a situaciones poco confortables. Nunca le dio importancia a las comodidades. Cuando salía a escondidas del Vaticano y se iba "de pinta" a la montaña, quería siempre los coches menos vistosos. En las excursiones, le gustaba mucho comer un pan con jamón o un pedazo de queso casero, sentado en la hierba, junto a su secretario y los hombres de su seguridad, quienes guardan recuerdos extraordinarios de la intimidad y sencillez de esos momentos.

Era un hombre sin pretención alguna. Con excepción de las capillas para orar y de la alberca para ejercitarse, no pidió remodelación alguna de los departamentos donde vivió, ya fuera en Polonia, en el Vaticano, en Castelgandolfo o en la montaña. En el del Vaticano, optó por conservar los muebles de Paulo VI. Su habitación era de lo más sencilla.

A Juan Pablo II le encantaba compartir las comidas. Lo hacía con sacerdotes, obispos o cardenales de paso por Roma, o con sus colaboradores. Todos ellos atestiguaron que comía de una forma muy moderada. No pedía alimentos especiales, comía lo que le daban sin quejarse nunca. Tampoco mostraba demasiado gusto por la comida, era sobrio en su alimentación y no le apetecían los platillos refinados. Su guiso preferido era la tortilla de huevo. Le encantaban los dulces, pero muy a menudo renunciaba a ellos. No impedía que sus acompañantes a la mesa consumieran bebidas alcohólicas, pero él, cuando mucho, hacía un brindis.

Observaba con rigor los ayunos eclesiásticos. Durante la Cuaresma y el Adviento, sólo hacía una comida completa diariamente. Los demás días, consumía carne en una sola de las comidas. A lo largo de la Cuaresma, además de no probar carne el viernes, comía menos en general, por lo que en esos periodos solía adelgazar unos kilogramos.

Cuando le ofrecían de comer algo que le gustaba, lo probaba apenas, sólo para agradecerle a quien le convidaba.

Asimismo, hacía actos de penitencia corporales: rezaba de rodillas o tirado en el suelo, en su cuarto o en la capilla, durante muchas horas. El postulador de la causa reveló incluso que, de acuerdo con algunos testigos, Juan Pablo II se autoflagelaba y tenía en su clóset el cinturón con el que lo hacía. Según monseñor Oder, lo hacía para recordar el sufrimiento de Jesús en la cruz. Al rechazar que se trate de una práctica en contra del cuerpo humano, que es don de Dios, el postulador explicó que la automortificación es un instrumento para la perfección cristiana.

No poseía bienes materiales. Tampoco se fijaba en los regalos que le hacían ni en los objetos que colocaban para embellecer los lugares donde iba a vivir.

Monseñor Justo Mullor, nuncio en México durante la cuarta visita de Juan Pablo II a nuestro país, había puesto un cuadro de Botticelli, que le había prestado un amigo, en la capilla de la nunciatura. En una ocasión en que el Papa salió de ella, le preguntó si le había gustado el cuadro. El Pontífice, que ni siquiera lo había notado, le contestó "que había entrado en la capilla para admirar el tabernáculo y que ninguna obra de arte en ningún museo del mundo valía más".

Otras peculiaridades del ejercicio de la virtud de la templanza fueron: su extraordinaria libertad interior; el saber vivir sin estrés, sin dejarse vencer por las presiones; el ser libre en sus afectos; el saber establecer una relación humana con gente muy distinta y personas de lo más sencillas; el saber aprovechar al máximo el tiempo; el saber concentrarse y hacer varias cosas a la vez; el saber gozar de los momentos de descanso.

Prueba de que su templanza le permitía vivir sin estrés es que, durante los largos viajes en avión, todo el séquito papal, incluidos nosotros, los periodistas, intentábamos descansar, mientras él leía, rezaba el breviario o escribía, acaso, el texto para la audiencia general que habría dedicado al balance de su visita. Cuando había algún retraso, siempre aprovechaba la espera en lecturas u oraciones. Los viajes afectaban su descanso nocturno, pero nunca pedía algo para dormir. Al volver de un país lejano, pasaba varios días sin lograr acostumbrarse al cambio de huso horario, pero no se quejaba. Sus colaboradores se dieron cuenta de su alteración del sueño porque, a veces, después de varios días de haber regresado de un viaje, les preguntaba si ellos sí lograban dormir por la noche.

Juan Pablo II consideraba el tiempo como un don de Dios; de ahí que no le gustara perderlo; como parte de su templanza, lo aprovechaba al máximo. Si bien parecía una persona extrovertida, no disfrutaba mucho de hablar: prefería trabajar y rezar. Su descanso consistía en la lectura de un libro: de hecho, siempre cargaba con varios. Veía poca televisión y pocas películas. Decía, sin embargo, que el cine le ayudaba a desarrollar la imaginación, lo auxiliaba en los trabajos creativos e intelectuales.

Era un hombre activo, o, mejor dicho, un contemplativo en acción.

No cuidaba excesivamente su salud, y a sus colaboradores les tocaba recordarle que debía limitar sus esfuerzos. Se resistió siempre, incluso cuando estaba muy enfermo, a acortar sus compromisos o sus viajes. Creía que, hasta que Dios le diera vida, debía hacer todo sin escatimar empeño, lo cual no era sino otra muestra de su templanza.

En ocasión del viaje a Sarajevo, en abril de 1997, a pesar de haber tenido en el transcurso de la noche —según lo reveló su médico personal— un problema cardiaco, quiso celebrar la misa bajo una nevada. Lo que vimos ese día representa para mí, como ya lo he dicho, uno de los recuerdos más impresionantes. Juan Pablo II pasó toda la ceremonia con muchísimo frío, temblando por el Parkinson y por la temperatura tan baja. Monseñor Marini, su maestro de ceremonias, le apretó la mano para darle ánimo, mientras su secretario trataba de cubrirlo del frío con su capa roja. El Papa se mantuvo ahí hasta el final, dando una prueba de templanza y fortaleza impresionantes. Cuando volvió a la sacristía, monseñor Marini le dijo que lamentaba mucho que hubiera tenido que soportar esa situación. Incluso se disculpó, al decirle que tal vez debían haber protegido mejor el altar. Juan Pablo II le contestó que lo sufrido por él ese día no era nada en comparación con lo padecido por ese pueblo y esa ciudad. Estaba contento por haber tenido la oportunidad de participar en algo de sus sufrimientos. El cardenal de Nápoles, Crescenzio Sepe, explicó esta actitud del Papa al afirmar que él quería ser el primer misionero en el mundo, y su mística misionera lo llevaba a soportar cualquier condición meteorológica, social o política.

En noviembre de 1994, en ocasión del consistorio público, al bajar del coche para ir a celebrar la misa con los nuevos cardenales, se le quedó un dedo atrapado en la puerta. Se oyeron tres gritos de dolor, pero nunca preguntó quién había cerrado la puerta. Durante la misa, todos los cardenales se acercaron y, como era natural, le tomaron la mano para besarle el anillo. El Papa nunca la retiró, a pesar del dolor que sentía: se había fracturado el dedo.

Juan Pablo II evitaba la vanidad, algo difícil para una persona tan popular como él. Sin embargo, también ahí demostraba su templanza.

Su portavoz, Joaquín Navarro Valls, recordó que en una ocasión le llevó al Papa la revista *Time*, en cuya portada aparecía su fotografía con el encabezado: HOMBRE DEL AÑO. Durante el almuerzo, la publicación estuvo encima de la mesa; en varias ocasiones, el Papa la volteó, y Navarro Valls volvió a ponerla del lado de la foto. Al final de la comida, el vocero le preguntó si acaso la fotografía no le gustaba. Juan Pablo II contestó: "¡A lo mejor me gusta demasiado!" El Papa, claramente, había luchado contra la tentación de la vanidad.

Humildad

Sobre todo en los primeros años de su pontificado, Juan Pablo II fue acusado por sus críticos de recorrer el mundo en busca del éxito personal y de triunfalismo. Se le calificaba a menudo de "Wojtyla superstar". Aplaudido y ovacionado como nadie en el mundo por millones de personas en todas las latitudes, fue el hombre más visto físicamente de todo el siglo xx. En sus viajes se le prepararon escenarios dignos de Hollywood, coreografías teatrales, espectáculos sofisticados, tronos impresionantes, escalinatas cubiertas de flores, coros y orquestas.

A primera vista, en efecto se habría podido pensar que Juan Pablo II, quien se movía en esos escenarios con un aplomo y una seguridad impresionantes, debido en parte a su pasado como actor, buscaba aplausos y éxito. A lo mejor estaba consciente de sus dones, de su carisma y de su impacto sobre las multitudes en una civilización fundada en la imagen, pero lo que es indudable, tras haberlo seguido hasta el último día de su vida, es que pretendía difundir el mensaje de Cristo y hacerlo llegar al mayor número de personas posible. Lo que le movía no era un afán protagónico, sino el deseo de la exaltación pública de la fe, en un mundo en el que ésta se había vuelto un hecho privado, de escasa relevancia en la vida de la sociedad.

Para lograr esta dimensión pública de la fe, Juan Pablo II no escondía sus talentos. Los ponía a disposición de Cristo para hacerse instrumento de evangelización, porque así se asumió siempre, como un instrumento en las manos de Dios.

Jesús dijo: "Vosotros sois la luz del mundo"; Juan Pablo II quería que la luz de Jesús llegara a los hombres de todo la Tierra. Para que esto suceda es necesario que todos sean testigos de lo bueno que hay en el mundo. Los hombres no deben esconder lo bueno que tienen ni el bien que pueden hacer.

El cardenal Sarajva Martins, prefecto emérito de la Congregación de las Causas de los Santos, está convencido de que fue así. "Él era un actor porque había sido actor. Cada uno de nosotros tiene su propio carisma. Ser actor no es un pecado. Hay muchos actores que son muy buenas personas. En su caso el serlo era seguramente un don que él utilizaba para acercarse a la gente. Le gustaba la gente. No sólo es algo normal y positivo sino que creo que en este sentido todos tendríamos que ser actores. Todos tendríamos que saber acaparar la atención de los que nos escuchan.

"Él actuaba según su propia forma de ser y esa actitud de ninguna manera reflejaba una falta de humildad. Él ponía al servicio de Dios y de los hombres ese don."

Los encuentros multitudinarios que más hicieron hablar de un supuesto culto de la personalidad fueron los que Juan Pablo II mantuvo con los jóvenes de todo el mundo. Al haber participado en todas las Jornadas Mundiales de la Juventud, puedo decir que seguramente el Papa estaba feliz de verse rodeado por centenares de miles de jóvenes, pero estoy convencida de que se trataba de una estrategia pastoral que nada tenía que ver con la vanidad o con muestras de exhibicionismo. Yo creo que los jóvenes no lo veían como una estrella, sino como un hombre, exigente y coherente, que los quería, que deseaba ser un faro en sus vidas.

En esas manifestaciones multitudinarias, el Papa se presentaba como un pastor que camina con su grey, al lado de todo ser humano.

Si volvemos a sus años juveniles, vemos cómo Juan Pablo II acogió la llamada del Señor con una plena humildad, al igual que María, con quien estuvo, desde siempre, profundamente unido.

Él alimentó constantemente la piedad y veneración hacia ella con el rezo del rosario, la "oración de los humildes". Manifestó siempre una particular docilidad ante el Espíritu Santo, y por esta razón Juan Pablo II amaba quedarse durante largas horas rezando frente al Santísimo Sacramento, demostrando no sólo su enorme fe, sino también su profunda humildad. Desde sus años como sacerdote, obispo y cardenal, hasta su periodo como Papa, reconoció siempre su incapacidad para realizar algo solo, sin la ayuda de Dios. Quienes vivieron cerca de él en las diferentes fases de su vida coinciden en que rezaba siempre, daba las gracias y atribuía a Dios el mérito de cada don recibido.

Cada vez que algún prelado lo alababa por el número impresionante de iniciativas que realizaba, Juan Pablo II solía contestar que no era él quien las cumplía sino Dios.

En una ocasión después de la publicación de su último libro de poesía y ante el éxito del mismo, comentó: "Si no fuera el Papa, nadie se ocuparía de esta edición".

Hubo casos notorios en los que Juan Pablo II demostró públicamente su humildad. El más conocido es el que se refiere a la caída del Muro de Berlín, del que el mismo líder Mijaíl Gorbachov le reconoció parte del mérito. Cuando le atribuían el de haber hecho caer el comunismo, no contestaba nada o afirmaba que el mérito era de Dios.

Ese mérito se lo atribuyeron públicamente no sólo Mijaíl Gorbachov, sino también el ex canciller alemán Helmut Kohl, quien afirmó que sin él el Muro de Berlín no habría caído y que las dos Alemanias no se habrían reunido. El Papa, sin embargo, no asumía ningún mérito. Estaba consciente de su misión histórica en el sentido de que el mundo cambia y, por lo tanto él quería que la Iglesia estuviera presente y fuera parte de este cambio. Helmut Kohl recordó en una ocasión la histórica visita de Juan Pablo II a Berlín, cuando estuvieron juntos debajo de la puerta de Brandenburgo.

"Me tomó la mano y me dijo: 'Canciller, ésta es una hora feliz de mi vida. Estamos bajo la puerta de Brandenburgo el Papa polaco y el canciller alemán, el Muro ha caído, Alemania se ha reunificado y Polonia es libre'."

Su humildad, según muchos de sus colaboradores, se notaba en forma extraordinaria durante las celebraciones eucarísticas, en las que se presentaba frente a Dios como un humilde servidor "que mendiga la gracia para cumplir con su deber".

También se notaba en el hecho de que, debido a su actitud humilde, se tenía la impresión de que hacía cosas absolutamente normales y no extraordinarias. Sin embargo, la gente, además de que se daba cuenta igualmente de que en realidad era un hombre fuera de lo común, tenía la sensación de estar frente a una persona realmente enviada por Dios para estar con ellos. Quienes lo veían tenían reacciones no comunes frente a un hombre: se arrodillaban, rezaban, lloraban, cantaban, se conmovían. Incluso en los países no católicos o más distantes desde el punto de vista de la práctica religiosa, vimos esa conmoción en hombres de la política y hombres de las armas. Monseñor Novawski, nuncio en Eslovaquia, quedó impresionado por la reacción de los no creyentes y los miembros de otras religiones, que en el curso de la visita del Papa a Eslovaquia siguieron su camino de sufrimiento con un entusiasmo sincero y una profunda solidaridad. La gente, comentó el nuncio, tenía la impresión de seguir a un hombre santo.

Basándose en las palabras de Jesús, que reprochaba a quienes querían situarse por encima de los demás, Juan Pablo II manifestó una extrema sencillez en sus actitudes y una atención constante hacia los pequeños y a los pobres del Evangelio. Su chofer personal, Jozef Mucha, fue una de las numerosas personas que se percató de la humildad de Karol Wojtyla en los años de su ministerio episcopal en Polonia. Lo describió como una persona sonriente, serena, muy sencilla, a la que no le gustaba que le besaran la mano.

Su chofer también contó que, el día en el que fue nombrado cardenal, estaban de visita en la parroquia de san Adalberto, en Joworzno. Cuando llegó la noticia, todos lo felicitaron, pero él recibió la noticia con humildad y tranquilidad, sin mostrar una particular emoción. Incluso pidió que no se pusieran tan contentos, porque ese día iban a participar de un funeral.

De acuerdo con el testimonio de su chofer, el cardenal Wojtyla, tal vez presintiendo su próxima ascensión al trono pontificio, tuvo una reacción extraña después de la muerte de Juan Pablo I. En su libro *Por qué es santo*, el postulador de la causa contó que cuando el cardenal, que estaba desayunando en la cocina, escuchó a su chofer que le daba la noticia de la muerte a su secretario, dejó caer la cuchara en el plato, y luego, debido a una fuerte migraña, canceló el viaje que tenía programado para ese día. Cuando el chofer lo llevó al aeropuerto para que viajara a Roma, al despedirse le deseó que regresara pronto y bien. Lo abrazó y, con voz seria y bastante tristeza, le contestó: "No sé".

Otra circunstancia refleja su humildad. Durante los días de la vigilia de la elección pontificia, Karol Wojtyla, que se encontraba en Alemania de visita con una delegación del Episcopado Polaco, prefirió quedarse en la sombra del primado Wyszynski para no acaparar la atención, al grado de que después de su elección buscaron fotografías suyas tomadas en ese viaje y sólo encontraron una en la que, entre la gente, se veía apenas, en el fondo, al cardenal Wojtyla.

Su humildad se reflejaba en el trato con sus colaboradores, con quienes no se tomaba muy en serio, y sabía bromear sobre su persona. A su segundo secretario, monseñor Mietek, solía decirle: "Miecu, cuando te pregunten qué haces en la vida, contesta que sacas al Papa de debajo de la mesa". De hecho, a él le tocaba mover su silla y ayudar a Juan Pablo II a ponerse de pie.

Recuerdo que un guardia suizo que estaba de turno en el pasillo del departamento pontificio una noche de Navidad en la que los cardenales de la curia pasan a felicitar al Papa, quedó impresionado por el hecho de que la única persona que lo felicitó fue Juan Pablo II. Para hacerlo salió incluso de su departamento.

Francesco, el hombre que limpiaba el departamento papal, quedó fuertemente impactado porque la mañana del día en que murió Juan Pablo II le mandó llamar para despedirse de él. "Me puso la mano en la cabeza. Durante una semana —me dijo— no me la lavé."

Según Gianfranco Svidercoski, uno de sus biógrafos, su humildad hacía que las personas que lo rodeaban se sintieran grandes, y el caso de Francesco es un ejemplo clarísimo.

En efecto, al seguirlo por el mundo fui testigo de cómo el Papa demostró en todo momento poseer un particular rasgo de la humildad que es, pienso, el de saber valorizar dones y méritos de los demás, desviando la atención de sí mismo hacia el prójimo. Solía decirnos que a esos viajes iba como maestro de fe pero también como alumno, para aprender cómo es la vida de las diversas iglesias locales.

Siempre hacía sentir a los demás que eran más importantes que él. También lo hacía con nosotros los periodistas. Cada vez que nos veía, nos hacía un gesto, nos saludaba, hacía que nos acercáramos, nos trataba como si fuéramos nosotros y no él las personas dignas de interés. En ocasión del 75 aniversario de la Asociación de la Prensa Extranjera en Italia, en mi calidad de su presidenta invité a Juan Pablo II y él, sorpresivamente, aceptó por primera vez visitar un centro de prensa. Al principio de su discurso dijo, improvisando: "Tengo el honor de conocer a vuestra presidenta desde mi primer viaje a México..." Nunca se había oído decir a un Papa que tenía el honor de conocer a una simple periodista. En ocasión de la visita del presidente mexicano Vicente Fox al Vaticano, en el 2004, Juan Pablo II en su biblioteca, mientras acompañaba a su huésped, se paró en mitad del camino para decir al presidente que yo lo había acompañado en todos sus viajes, que lo seguía siempre, etc. Se trata de una actitud absolutamente humilde porque siempre desplazaba la atención hacia otra persona. Tenía la capacidad de hacer sentir a las personas importantes.

Cuando tenía una duda sobre algún tema, no dudaba en preguntarse: ¿Qué dice el Evangelio al respecto? ¿Qué haría Jesús?

Durante todo su pontificado, fiel a su vocación de llevar el Evangelio a todos los rincones de la Tierra, fue instrumento dócil en las manos de Dios; al mismo tiempo se mostró totalmente desinteresado de sí mismo.

Cuando iba de visita a los países de África, Asia o América Latina, nunca se quejó de las condiciones climáticas o de la precariedad del alojamiento al que debía adaptarse. Su portavoz, Joaquín Navarro Valls, fue un testigo privilegiado de la práctica de la virtud de la humildad. Nos contó que durante uno de sus viajes pastorales a África, concretamente en Guinea-Bissau, había podido comprobar las deficiencias materiales presentes en la residencia donde debía alojarse. Su cama era muy estrecha, sencillísima, y el colchón se apoyaba directamente en una estructura de madera. No había aire acondicionado, no obstante el calor insoportable de esas latitudes tropicales. El baño era minúsculo y la habitación no tenía ningún tipo de ornamento. En esas condiciones era casi imposible que Juan Pablo II pudiera tener un descanso adecuado.

Algunos años antes, durante el primer viaje a África, la residencia del Papa en Kisangani, en el norte de la República Democrática del Congo, era tal que el Papa no había podido tener un adecuado descanso esa noche a causa del calor y de la escasa comodidad existente en su habitación. El portavoz papal no recuerda ni una sola vez, después de estas visitas, en la que Juan Pablo II se hubiera quejado o hecho cualquier tipo de comentario sobre esas situaciones.

Creo, sin embargo, que Juan Pablo II dio la más elocuente lección de humildad cuando la enfermedad que progresivamente lo convirtió en inválido lo obligó a someterse a la ayuda constante de enfermeros y médicos, a no poder valerse por sí mismo, esto ante los ojos del mundo entero. Todos fuimos testigos de cómo soportó con extraordinaria humildad sus enfermedades y sufrimientos. Lo vimos primero apoyado en el bastón, luego en todo tipo de tronos, sillones y peanas móviles y finalmente sentado en forma permanente en una silla de ruedas real. Juan Pablo II aceptó que Dios, que le había dado todos los dones, se los quitara uno tras otro. El Papa deportista, atractivo, sonriente, políglota, lleno de energía, se convirtió en un inválido, con el rostro rígido y el cuerpo paralizado por el Parkinson. Dios le quitó incluso la voz, que había sido uno de sus grandes atractivos. Nunca escondió estas limitaciones, no cambió su programa de trabajo, estuvo hasta el final al servicio de la Iglesia, y a los que creían que no habría tenido que mostrar pública-mente su debilidad respondía que había que ser humil-des y fieles al propio deber. ✍

Incluso en los años de su decadencia física, Juan Pa-blo II conservó el sentido del humor y la autocrítica que seguramente eran ingredientes de su humildad y que le ayudaban a saber ironizar sobre sus limitaciones. El car-denal Roberto Tucci, organizador de los viajes papales, narró anécdotas muy divertidas:

"En una ocasión, el Papa me dijo: '¿Pero usted cree que yo no veo en la televisión cómo estoy cambiando?'; en otra, en América Latina, yo estaba detrás del Papa, que caminaba cerca de un cardenal que había tenido un accidente y andaba con un bastón. Escuché al Papa que, riéndose, decía: 'Querida Eminencia, *siamo tutti e due bastonati!* ', que en español equivaldría a 'Nos han dado de palos a los dos'. Quería decir que ambos usaban el bas-tón y que los dos estaban mal parados físicamente."

Su humildad lo inducía frecuentemente a ponerse en escucha de los demás, pidiendo consejo a personas sabias antes de tomar decisiones importantes y a dejar la justa libertad a sus colaboradores. Algunos de sus colegas de los tiempos universitarios han contado que cuando exa-minaba a los estudiantes en la Universidad de Lublino, en caso de objeciones y protestas intentaba entender sus razones.

Juan Pablo II dio un claro ejemplo de humildad a sus colaboradores de la sección polaca de la Secretaría de Es-tado, quienes en alguna ocasión, en documentos escritos de su puño y letra en su propia lengua, vieron aparecer el habitual "smj" o sea, "salvo mejor juicio", que suele ponerse justamente para que los superiores puedan aportar sus modificaciones en caso de considerarlas oportunas. Algunos miembros de la Secretaría de Estado no podían creer que el Papa lo hiciera.

Cuando reconocía haberse equivocado, además ofrecía disculpas; en varias ocasiones sus colaboradores nos contaron que cuando el Papa se daba cuenta de que había cometido un error, lo admitía y no le daba ninguna pena disculparse. Por ejemplo, en una ocasión, en Cracovia, decidió quitar la licencia de conducir a un sacerdote que había causado un grave accidente. Pero después de pocas horas consideró que esta decisión era propia de la policía de tránsito y no suya, por lo que volvió a llamar a la curia al sacerdote y le devolvió la licencia, ofreciéndole disculpas.

Monseñor Piero Marini, quien durante 18 años fue su maestro de ceremonias, contó una anécdota muy reveladora.

En ocasión de una visita a Francia, en una misa en Saint' Anne d'Auray, en septiembre de 1996, hubo un momento en que Juan Pablo II no pudo aguantar la risa. Al final de la ceremonia, en la sacristía, el Papa le dijo a monseñor Marini que debía disculparse con él por el mal ejemplo que le había dado al reírse durante la misa, pero le explicó que no había logrado evitarlo al ver lo bien que dormía un miembro del séquito papal.

En el diálogo ecuménico, aunque plenamente consciente de las prerrogativas del Obispo de Roma, nunca hizo pesar el primado, sino que siempre intentó acercarse a los representantes de las distintas confesiones religiosas, respetuoso de su sensibilidad. Un particular significado adquiere a este propósito el testimonio del cardenal Roberto Tucci, quien desde su perspectiva como responsable de la organización de los viajes apostólicos podía observar la gran humildad de Juan Pablo II. Nos comentó en muchas ocasiones que cada vez que el Papa entraba en contacto con los líderes de otras confesiones religiosas que no están en plena comunión con la Iglesia de Roma, el primado de Pedro expresaba humildad.

Fuimos testigos de esta actitud durante sus visitas a las diferentes Iglesias cristianas, como las de Georgia, Grecia, Siria y Bulgaria. Recuerdo incluso la reacción del patriarca de los ortodoxos rumanos, quien quedó muy impresionado por la actitud tan amable y humilde del Papa. El organizador de los viajes papales nos contó que, al preparar el viaje al Líbano, había organizado el encuentro del Papa con patriarcas no católicos, dos ortodoxos y uno armenio, en la nunciatura de Beirut. Ellos habían aceptado sin problema, pero Juan Pablo II, tras mucho reflexionar y rezar, le pidió al cardenal Tucci que regresara al Líbano para decirle a los tres patriarcas que sería él quien los visitaría. Juan Pablo II le dijo que había llegado a la conclusión de que, por fidelidad al Evangelio, tenía que ejercer el primado de Pedro de la forma más humilde posible.

En realidad, la relación con el mundo ortodoxo requería no solamente una gran prudencia, sino también la humildad que Juan Pablo II ejerció de forma heroica.

Cuando visitó Egipto en febrero del 2000 fue a visitar al patriarca ortodoxo Shenouda III, que había estado inexplicablemente ausente en el momento de su llegada. Uno de los obispos presentes narró que los obispos católicos que habían sido invitados a comer con el Papa le preguntaron por qué había decidido ir a visitar al patriarca Shenouda, si él no lo había recibido en el aeropuerto. Juan Pablo II esbozó una media sonrisa y sorprendió a todos al decir: "Ahora vamos todos". Se trató, de hecho, de un encuentro marcado por la simpatía y la fraternidad. Después de la visita papal, todos por un lado se preguntaron por qué el patriarca Shenouda había carecido de cortesía hacia el Papa y, por el otro, apreciaron enormemente el gesto de humildad de Juan Pablo II, quien fue comparado con el buen pastor que visita a los demás antes de que éstos lo visiten a él.

El nuncio apostólico en Rumania y República de Moldova, Jean-Claude Perisset, contó cómo Juan Pablo II supo aceptar con total humildad algunos obstáculos a sus proyectos impuestos por la Iglesia ortodoxa en ocasión de su visita a Rumania en mayo de 1999. A pesar de que ésta decidió que no podía visitar algunas provincias ni celebrar un encuentro con los jóvenes, el Papa no sólo aceptó estas restricciones sino que además explicó a los miembros de la Iglesia greco-católica romana por qué las aceptaba: el clima de la visita superó todos los pronósticos y se acrecentó el aprecio de la población por la persona y la misión de Juan Pablo II.

Las peticiones de perdón del Papa también tuvieron una gran resonancia ecuménica y fueron una muestra de su humildad. Juan Pablo II ofreció disculpas a los luteranos, a los calvinistas, a los ortodoxos. El organizador de los viajes papales, el cardenal Tucci, contó que después de visitar en Eslovaquia la Iglesia católica de rito oriental, el Papa le pidió que lo llevara a un monumento que recuerda las persecuciones infligidas por los católicos a los protestantes, porque ahí quería pronunciar unas palabras de perdón por lo que los protestantes habían tenido que sufrir a causa de los católicos. El cardenal Tucci logró encontrar a un pastor luterano para que éste fuera al monumento y pudiera escuchar el mensaje del Papa.

Cuando, en Eslovaquia, en julio de 1995, Juan Pablo II canonizó a tres mártires católicos asesinados por los luteranos, ninguna autoridad protestante ofreció disculpas al Papa.

Los que entendieron el verdadero espíritu de estas demandas de perdón estiman que Juan Pablo II no quiso emitir un juicio moral sobre la culpabilidad de las personas que llevaron a cabo determinadas actividades por las cuales él sentía el deber de pedir perdón. Lo que pretendía era que, a la luz del Evangelio, como hoy lo entendemos, se entendiera que estas actitudes no tienen por qué repetirse en el futuro.

De la misma humilde manera, Juan Pablo II actuó en el tema del diálogo interreligioso. Cuando supo que no fue bien recibida su afirmación, contenida en el libro *Cruzando el umbral de la esperanza*, según la cual los budistas son ateos, convocó al presidente del Pontificio Consejo del Diálogo Interreligioso, el cardenal Francis Arinze, y a algunos expertos sobre el budismo, animando a los miembros de dicho dicasterio a planear un coloquio con los budistas. El dicasterio organizó incluso un simposio en Japón entre católicos y budistas, lo que llevó a una aclaración de las afirmaciones del Papa que con humildad quiso reparar el haber herido la sensibilidad budista.

Pobreza

Juan Pablo II vivió la pobreza siguiendo el modelo de Jesús. Nació en una familia de clase media, pero fue educado en el sacrificio y la abnegación, y llevó una vida sin lujos ni comodidades. Desde pequeño se acostumbró a renunciar a lo superfluo.

Después de la muerte de su madre, solía ir a un comedor público para probar comida caliente, pero su padre lo regañaba si consumía algo más de la cuenta porque, luego de un tiempo, se había percatado de que a su hijo le servían porciones más grandes. Karol Wojtyla le contó a sus amigos que su padre lo amenazó con no poder regresar ahí si no renunciaba a ese trato especial.

También durante la guerra Karol Wojtyla supo lo que era la pobreza. Quienes lo conocieron en los años del seminario cuentan que llevaba una sotana muy deslustrada, zapatos viejísimos y una mochila aún más usados. Asimismo, quienes lo conocieron cuando era sacerdote y luego obispo auxiliar de Cracovia recuerdan que viajaba en segunda clase en los trenes y tenía coches destartalados. Sus colaboradores, tanto en Polonia como en el Vaticano, cuentan que nunca quería ponerse ropa nueva, pedía que remendaran sus túnicas y se iba a esquiar con indumentaria totalmente fuera de moda, que ya nadie usaba. No quería que le compraran ropa nueva. En Cracovia tenía muy pocas camisas, y durante un verano, como hacía mucho calor, les cortó las mangas. Cuando llegó el invierno, ya no tenía que ponerse. Quisieron comprarle nueva vestimenta pero, sabiendo que no la iba a aceptar, la adquirieron y luego la ensuciaron y lavaron varias veces para que no pareciera nueva.

Después de una visita a los Estados Unidos, los inmigrantes polacos le regalaron un automóvil nuevo, un Ford. Durante una visita pastoral escuchó que un niño decía: "Mira qué coche". Dejó de usarlo porque no quería que los fieles se acordaran de sus visitas por su automóvil, sino por su ministerio.

Volkswagen México también le obsequió un coche, pero era utilizado por los gendarmes. Nunca se quedó con los regalos.

Monseñor Fidelus, quien trabajó en la curia de Cracovia como vicecanciller de 1968 a 1978, dijo que nunca vio al arzobispo con dinero en la mano. No conocía siquiera el valor de los billetes y las monedas. Esto lo confirmó su secretario, monseñor Stanislao Dziwisz.

Sus colaboradores de esos años han declarado que ayudaba a los sacerdotes necesitados y que les daba las dádivas que recibía sin siquiera cuantificarlas.

A lo largo de su pontificado, no se modificó esta relación con los bienes materiales. No quería tener más de dos sotanas y exigía que las remendaran. Las monjas que lo asistían en la residencia de la montaña en Lorenzago di Cadore, donde pasó varias vacaciones veraniegas, contaron que en una ocasión llegó con ropa interior tan estropeada que le causaba irritación en la piel. Le compraron prendas nuevas, pero Juan Pablo II, con dulzura, se quejó por la iniciativa que habían tomado. Su segundo secretario, monseñor Mieczyław Mokrzycki, contó que Juan Pablo II no soportaba los zapatos nuevos. Quería usar los viejos el mayor tiempo posible, porque se acostumbraba a ellos y se sentía más cómodo. Tampoco soportaba la vestimenta papal de las ceremonias oficiales. Los responsables del protocolo durante muchos años lo "obligaron" a vestirse de acuerdo con las circunstancias con muceta y roquete, hasta que al final de su pontificado ganó su batalla y recibía incluso a los jefes de Estado con su sotana blanca.

El departamento papal era de lo más sencillo. Su cuarto estaba dividido en una zona para dormir y otra para trabajar. Sus colaboradores comentaron que era 10 veces más pequeño que el departamento del secretario de Estado. Durante los 26 años y medio de pontificado, nunca lo mandó remodelar. Después de su muerte, Franco, el campesino anciano que hacía la limpieza en su departamento, se jubiló. La razón oficial fue su edad y su salud pero, en realidad, le comentó a un amigo que en el nuevo departamento papal "ya no se hallaba", porque había sido completamente remodelado y habían desaparecido los viejos muebles a los que estaba acostumbrado. Incluso la vieja televisión de la época de Paulo VI había sido sustituida por una de plasma último modelo.

Su secretario me contó que le pedía que pagara en la Secretaría de Estado las llamadas que le hacía a sus amigos polacos, porque las consideraba privadas y, por lo tanto, no inherentes a su misión papal.

Joaquín Navarro Valls me comentó en una ocasión que, a pesar del fuerte calor, no quiso que pusieran el aire acondicionado en su residencia de Castelgandolfo porque, decía, no todos podían permitirse esa comodidad y, por lo tanto, el Papa también debía renunciar a ella.

Cuando era obispo y arzobispo en Polonia, ni siquiera aceptaba el salario. Todo lo daba a la diócesis. Lo que le pagaban por sus artículos o sus libros lo donaba a estudiantes, hombres de cultura o enfermos.

Como estaba consciente de que no era un buen administrador, se mantuvo alejado de las cuestiones económicas. Confió a sus colaboradores el manejo de la economía, tanto en la curia de Cracovia como en el gobierno del Vaticano.

Además, creó una comisión de cardenales para la plena transparencia de las finanzas vaticanas. Por primera vez hizo que se presentaran los balances, los números rojos y los negros.

El cardenal Joachim Meisner, arzobispo de Colonia, comentó que Juan Pablo II daba la impresión de que toda su riqueza era Dios y no le otorgaba ninguna importancia a las cosas de este mundo. "Siempre me pareció que el Papa vivía pobre en una caja dorada."

Al principio del pontificado, un embajador había decidido regalarle para Navidad un costoso reloj. Juan Pablo II, con mucho tacto, para no ofender su sensibilidad, le hizo saber a través de su secretario que no podía aceptarlo. No quería dar un mal ejemplo a los sacerdotes, obispos y cardenales, mostrando ese reloj.

Y, en efecto, al tener plena confianza en la Divina Providencia, veía en Dios su única riqueza. Por eso no dependía de nada ni era esclavo de nada. Su pobreza material iba unida a la pobreza de espíritu. De la misma manera en la que cedía sus bienes, se entregaba totalmente donando sin reserva su tiempo y sus energías y mostrando pobreza afectiva, desapego de sí mismo y de los reconocimientos y honores. Este desinterés en las cosas terrenas era un reflejo de su espíritu. Según sus colaboradores, era verdaderamente un pobre de espíritu, en el sentido de que no pedía nada para sí mismo. Por lo que se refiere a los honores, no tenían ningún impacto en él, no le importaban. Los recibía pensando que a través de ellos la Iglesia se sentía aceptada y alentada. Se reflejaba totalmente en santa Teresa cuando decía: "Sólo Dios basta".

Juan Pablo II era tan exigente que sólo con Dios se sentía satisfecho; todo lo demás pasaba a segundo término.

Su desapego de las cosas materiales, sin embargo, no significó que Juan Pablo II viviera fuera del mundo. Conocía muy bien las condiciones de vida de la gente y sabía que la mayoría de la humanidad vive en la pobreza, sin trabajo; por lo tanto, era solidario con los pobres y los abandonados. Al considerarse pobre, hacía todo para mejorar la situación de los necesitados. Sabía distinguir bien la pobreza humana de la miseria y de las condiciones de vida inhumanas. Por eso siempre estaba dispuesto a ayudar a quienes esperaban de él un gesto de solidaridad.

Cabe distinguir, de cualquier forma, entre su vida privada y su misión como Papa. Nunca comprometió su desempeño público. Fue exigente en relación con el cuidado del altar y de la liturgia, y generoso en lo concerniente a las donaciones vinculadas con su misión.

Si bien no imponía rígidamente la pobreza a sus colaboradores, esperaba que dieran el ejemplo. Exigía que los sacerdotes llevaran una vida adecuada a su vocación y practicaran la virtud de la caridad. En una ocasión, ante unos sacerdotes que se quejaban porque no tenían dinero para pagar a los catequistas, comentó que, si vivieran de otra manera, lo tendrían. Quería que fueran moderados en las cuestiones materiales. Con su ejemplo, proponía un modelo a seguir.

De hecho, en su testamento dejó escrito que no heredaba nada a nadie, porque no poseía nada.

El Papa dedicó al tema de la pobreza muchos documentos, incluso la encíclica *Centesimus annus*, y muchos discursos pronunciados durante sus viajes internacionales tanto a países ricos como pobres.

A partir del primer viaje que hizo a México, en enero de 1979, el compromiso de la Iglesia con los pobres fue uno de los temas al que concedió la mayor importancia. Solía decir que "no es con el poder o el dinero con lo que la Iglesia ha de contar", porque ésta debe estar con los pobres y los oprimidos.

Por ello, en todos sus viajes mantuvo encuentros con la gente más humilde: indígenas, obreros, campesinos, mineros, entre otros sectores poco o nada favorecidos social y económicamente.

En un discurso memorable, pronunciado durante su visita a Canadá en 1984, Juan Pablo II afirmó que "las naciones pobres juzgarán a aquellos pueblos que les han quitado sus bienes, asumiendo el monopolio imperialista de la economía y de la supremacía política a costa de los demás".

En 1986, en un viaje a Asia y Australia, afirmó que el mundo será juzgado "por el modo en el que se enfrenta a las necesidades de la pobreza, del hambre y la enfermedad".

Castidad

La azarosa juventud de Juan Pablo II, muy diferente de las biografías de sus antecesores, hizo que, tras su elección, los periodistas de todo el mundo llenaran centenares de páginas con las más fantasiosas reconstrucciones de los años anteriores a su decisión de dedicarse al sacerdocio.

 ' El hecho de que Juan Pablo II fuera ordenado sacerdote a los 26 años, luego de haber pasado por la universidad y el teatro, dio pie a que se escribieran verdaderas telenovelas.

Años más tarde, al leer el artículo de un periodista italiano sobre sus amistades con muchachas en la época del Teatro Rapsódico, Juan Pablo II tuvo una reacción muy dura. Comentó a sus colaboradores que no toleraba que se insinuaran comportamientos poco transparentes e incoherentes en el tema de su castidad. El mundo, dijo en esa ocasión, tiene el derecho de pensar que por lo menos el hombre elegido Pontífice tuvo una juventud absolutamente "pura" y fiel a las enseñanzas del Evangelio.

El amor que Juan Pablo II sentía por las mujeres, desde el inicio de su vida hasta el final, fue profundo, marcado por la pureza, la estima y un gran respeto, fruto probablemente de su gran amor por la Virgen María.

"La devoción por la Virgen lo ayudaba a rodear de una especial veneración a la mujer y a preservar su castidad." (Padre Czeslaw Drazek.)

Una de las páginas más bellas de Juan Pablo II sobre su visión del mundo femenino se titula "Meditación sobre el don desinteresado", que escribió en 1994. En ella explica su entrega total a la Virgen a través del *Totus tuus* que para él representaba una súplica para no ceder a la tentación ni siquiera en su forma más disimulada; para que su mirada, su oído, su mente y todo su ser permanecieran puros, es decir, transparentes para Dios y para los hombres.

La relación de Juan Pablo II con las mujeres, marcada por una total naturalidad y limpieza desde su juventud hasta sus años como Papa, es la mejor demostración de la manera en la que ejerció la castidad. Absolutamente todos los testigos escuchados durante el proceso de beatificación, desde quienes lo conocieron de joven hasta quienes lo trataron después de su elección, evidenciaron el ejercicio pleno de esta virtud. Todos coincidieron en que era un hombre tranquilo, íntegro, y que en los encuentros con las mujeres era sensible, sí, pero siempre lleno de respeto y sereno.

Pocos minutos después de haber sido elegido Papa, Juan Pablo II le dio su lugar a las mujeres. Contrariamente a lo que hicieran sus predecesores, quienes sólo decían "queridos hermanos", en cuanto se asomó al balcón central de la Basílica de San Pedro, dijo: "Queridas hermanas y hermanos". Pocos meses después de su elección, sorprendió a la curia y al mundo con 130 catequesis, durante las audiencias generales, dedicadas al amor humano y a la teología del cuerpo.

Juan Pablo II apreciaba lo que él mismo calificara de "genio femenino" y sentía por las mujeres un profundo respeto y admiración. Lo que más me llamó la atención cuando empecé a cubrir su pontificado fue la extraordinaria naturalidad con la cual nos trataba a las poquísimas periodistas que entonces lo seguíamos alrededor del mundo. El Papa, contrariamente a muchos prelados, nunca se sintió incómodo con las mujeres.

En Polonia, después de haber elegido el sacerdocio, e incluso cuando ya era obispo y luego cardenal, nunca dejó de participar en excursiones con grupos de jóvenes en los que había un buen número de muchachas. A este respecto, Mieczysław Malinski, autor del libro *Mi viejo amigo Karol*, nos contó una anécdota muy reveladora.

En cierta ocasión, cuando era párroco de la iglesia de san Florián, en Cracovia, Karol Wojtyla planeó una excursión a las montañas con su grupo habitual de jóvenes amigos. Debían salir un sábado por la noche en tren. A la estación llegaron las cinco muchachas del grupo y luego el párroco Wojtyla, quien en ese momento tenía 32 años, pero sin los muchachos. Les explicó que los chicos habían decidido renunciar a la excursión para quedarse a preparar un examen. Las chicas pensaron que ya no iban a ir a ninguna parte, pero se equivocaron. El futuro Papa decidió acompañarlas, con la condición de que le llamaran tío delante de la gente.

La virtud de la castidad se manifestó asimismo en su relación con los jóvenes, a quienes enseñaba el amor verdadero marcado por el cariño y la pureza que, en el fondo, era el amor que él practicaba. Los elementos fundamentales de su castidad eran, según quienes convivieron con él en Polonia, su gran afición por el deporte y la oración constante. Desde joven tuvo con su cuerpo una relación muy positiva y limpia, que conservó incluso después de su elección. Pidió que le construyeran una alberca en la residencia de Castelgandolfo, pero en lugar de vacacionar siempre ahí, como sus predecesores, decidió pasar parte del verano en la montaña, donde más lograba sentirse en contacto con la naturaleza y, por lo tanto, con Dios.

Al principio de su pontificado, los fotógrafos de todo el mundo pasaron días enteros sobre los árboles fuera de la residencia de Castelgandolfo para tomar fotografías del Papa nadando. Al final las obtuvieron, pero en cuanto se supo de su existencia, el mismo gobierno italiano impidió su publicación. Juan Pablo II, cuando se enteró de que le habían tomado esas fotografías, con una naturalidad totalmente inocente preguntó dónde iban a publicarse. Su mente y su forma de ser eran totalmente transparentes y no veía en esas imágenes suyas nadando, en traje de baño, malicia alguna.

Fui testigo, decenas de veces, en todas las latitudes, de la mirada absolutamente limpia con la que el Papa miraba a las muchachas. Admiraba su belleza como hubiera admirado un amanecer o un anochecer, les tomaba la mano, las abrazaba, las besaba en la frente o la mejilla, les acariciaba el cabello, interactuaba con ellas en los escenarios de medio mundo, como si fuera lo más natural. En África, durante las misas, cuando en el ofertorio subían al altar muchachas con falditas de paja y los pechos apenas cubiertos, veíamos cierta incomodidad en el séquito papal, mientras que Juan Pablo II las miraba con una inocencia extraordinaria. Nunca temió la cercanía física o el contacto de los cuerpos; al contrario, los buscaba porque para él se trataba ante todo de una estrategia pastoral: quería estar con la gente, cerca de ella, para demostrarle a todos su proximidad.

Durante una visita a Génova, en 1985, en el palacete del deporte, donde se reunió con jóvenes, se le acercó una muchacha para saludarlo a nombre de todos los presentes. El Pontífice tomó su rostro entre sus manos y la besó en la frente. En el séquito papal hubo cierto desconcierto, al grado de que cuando la joven pasó al lado del arzobispo de Génova, el cardenal Giuseppe Siri, conocido por sus posiciones ultraconservadoras, éste levantó la mano con severidad para que le besara el anillo. Escenas como ésta vimos por centenares en todo el mundo. Sus colaboradores no escondían cierto fastidio por esta forma de actuar tan espontánea y, sobre todo, nunca vista. El Papa, no obstante, sin ningún complejo, demostraba su admiración por las mujeres. En 1988, Juan Pablo II escribió la carta apostólica *Mulieris dignitatem*, que es un himno a la mujer y a su dignidad como criatura hecha a imagen y semejanza de Dios.

Juan Pablo II, quien perdió a su madre muy pronto, creció en un mundo en el que se respetaba a la mujer, sobre todo a la mujer madre. Esto quedó en su interior y con el pasar de los años se convenció de que las mujeres tienen una dignidad que no les permite ser meros objetos o instrumentos de placer. El Papa llegó incluso a responsabilizar a los hombres por pecados que casi siempre recaen en la mujer, como es el caso del aborto. En la carta que escribió a las mujeres del mundo en 1995, en ocasión de la Cuarta Conferencia Mundial sobre la Mujer, Juan Pablo II escribió que este pecado grave, antes de ser considerado una responsabilidad femenina, es un crimen del cual deben responder los hombres. En esa misiva, con tonos incluso poéticos, el Papa agradeció a las mujeres por el solo hecho de serlo y reconoció las culpas de la Iglesia en su marginación a lo largo de los siglos. Juan Pablo II estimó a la mujer ante todo porque la humanidad le debe su sobrevivencia.

Al celebrar sus 50 años de sacerdocio, en el libro *Don y misterio* el Papa afirmó que, en contacto constante con la santidad de Dios, el sacerdote debe a su vez volverse santo. Su propio ministerio debe comprometerlo a elegir una vida inspirada por el radicalismo evangélico, y para ello es absolutamente necesario respetar las virtudes de la castidad, la pobreza y la obediencia.

En una ocasión, el Papa comentó que no había tenido problemas en cuanto a la castidad debido más a la gracia de Dios que a su propio esfuerzo.

De los testimonios de las personas que convivieron con él en Polonia, y de las monjas que vivían en el departamento pontificio en el Vaticano, surgió que Juan Pablo II mortificaba su cuerpo a través de la disciplina y otros métodos de penitencia corporal.

Una religiosa, que le atendió en Polonia y luego en el Vaticano, contó que la empleada de la limpieza en la residencia del cardenal Wojtyla fue repetida testigo de que el cardenal no dormía en su cama sino en el piso. Ella misma en Castelgandolfo, en una ocasión, entró en su habitación pensando que no había nadie y lo encontró acostado en el suelo.

Uno de los testimonios más hermosos sobre la relación de Juan Pablo II con las mujeres es el que dio la enfermera Rita Migliorin, quien lo atendió en las últimas dos hospitalizaciones en el Gemelli y también estuvo a su lado al final de su vida. Rita se había alejado de la fe y, antes de conocerlo, no albergaba sentimiento alguno hacia el Papa. A pesar de su grave estado de salud, el Pontífice se percató, debido a su sensibilidad y probablemente a su conocimiento del alma femenina, de que ella tenía problemas. Un día, con mucha ternura, le preguntó: "Rita, ¿qué te pasa?" La enfermera empezó a contarle lo que le sucedía y poco a poco volvió a acercarse a la fe. Se dio cuenta de que era un hombre excepcional, de que vivía en otra dimensión.

Durante la causa de beatificación, se publicó en Polonia *Historia de una amistad*, libro con la correspondencia que Juan Pablo II mantuvo durante 50 años con Wanda Poltawska, de quien fue confesor y amigo, y por cuya curación de un cáncer pidió la intercesión del padre Pío. Las cartas fueron examinadas durante el proceso y Wanda dio su testimonio, en el cual afirmó que siempre fue tratada como una hermana por Karol Wojtyla. De hecho, Juan Pablo II la llamaba "hermanita" y firmaba sus cartas con las letras FR, iniciales de la palabra hermano. Los prelados y teólogos que analizaron las misivas subrayaron que emerge de ellas una relación espiritual muy profunda, parecida a la que unía a san Francisco de Sales y santa Juana de Chantal. En las cartas, muy cariñosas y a veces aun poéticas, hablan de todo: desde reflexiones sobre las Sagradas Escrituras para los ejercicios espirituales de Wanda, hasta su vida conyugal y familiar. De hecho, el Papa se volvió amigo de toda la familia, amistad que siguió, aunque de lejos, hasta el final de su vida.

El cardenal Sarajva Martins, prefecto emérito de la Congregación para las Causas de los Santos, me comentó que una relación de este tipo es absolutamente normal. "Hubo muchos santos que tuvieron relaciones de este tipo. La amistad entre un sacerdote, o incluso un Papa, y una mujer puede existir. La amistad está por encima del aspecto sexual. Es ridículo no hacer una distinción. Uno puede querer a una mujer o a un hombre sinceramente sin ninguna otra connotación. Mantuvieron una correspondencia durante 50 años, en la que es evidente que se llevaban muy bien, que se entendían muy bien. Es común para una persona normal, y Juan Pablo II lo era. Es ridículo que alguien comentara que estas cartas podían ser un obstáculo para la beatificación. Ni de broma lo son. En la historia de los santos tenemos muchos ejemplos, y éste es uno más."

Wanda ha contado en varias ocasiones que, ya desde joven, el sacerdote Karol creía que era fundamental salvar la santidad del amor humano, protegiendo sobre todo a las mujeres, que son las más vulnerables. A los muchachos siempre les decía que debían respetar a sus compañeras. Hablaba del celibato como del "santo celibato" y lo consideraba una paternidad más plena, más desarrollada, pues en su opinión los sacerdotes debían ser padres espirituales de "miles de hijos". Se refería a menudo al valor de la mujer y decía convencido que Dios había creado al hombre y le había salido bien; entonces creó a la mujer y salió una obra de arte.

De los 18 a los 23 años, Wanda Poltawska vivió en el campo de concentración de Ravensbrück. Una experiencia capaz de destruir cualquier equilibrio psíquico. Wanda sobrevivió física y mentalmente a aquellos horrores gracias a su fe. Gracias, también, a la ayuda de un joven sacerdote, Karol Wojtyla, a quien conoció a su vuelta a casa, logró superar y vencer las consecuencias devastadoras que los horrores padecidos habrían dejado ciertamente en su personalidad. Le confió sus dramas espantosos y él pudo "comprender", porque también él, en los años de la guerra, fue martirizado por grandes dolores personales que lo condujeron a la vocación sacerdotal. Así nació su amistad, llena de actividades e iniciativas para promover los valores que retoñaron de aquellos lejanos sufrimientos.

Wojtyla siempre sintió una afinidad especial hacia Wanda, por el horror que había sufrido durante la guerra, un duro contraste con la forma relativamente fácil en la que él había sobrevivido a la conflagración. Entre ambos y el marido de ella, un filósofo, se consolidó una profunda amistad que terminó influyendo en el futuro Papa en muchos aspectos. Wojtyla y los Poltawska solían hacer largas excursiones y viajes de *camping* a las montañas Beskidy, en el sureste de Polonia.

Primero trabajaron juntos en Cracovia, en las actividades culturales y sociales de la diócesis, sobre todo en las relacionadas con problemas de la familia; y, tras la elección de Karol Wojtyla como Pontífice, en Roma, Poltawska se convirtió en miembro del Consejo Pontificio para la Familia, consultora del Consejo Pontificio para la Pastoral de la Salud e integrante de la Academia Pontificia para la Vida. Fue la actividad intensa de una amistad transparente que todos conocían y que tuvo extraordinaria visibilidad en 1984, cuando se supo que Poltawska había sido objeto de un milagro por intercesión del padre Pío, a solicitud de Karol Wojtyla.

La historia se remonta a 1962. Enferma por un tumor, Wanda estaba a punto de morir. Los médicos no daban esperanzas, pero querían, de todos modos, intentar una operación. El joven obispo Wojtyla, quien se encontraba en Roma para el concilio, se enteró y escribió en seguida una carta al padre Pío pidiéndole que rezara por aquella mujer. La misiva tiene fecha del 17 de noviembre de 1962. Fue entregada al destinatario por Angelo Battisti, quien era administrador de la Casa Alivio del Sufrimiento. El padre Pío pidió a Battisti que le leyera la carta. Al acabar, dijo: "Angelito, a esto no se puede decir que no".

Battisti, quien conocía bien los carismas o dones espirituales del padre Pío, volvió a Roma sorprendido, preguntándose el porqué de aquella frase: "A esto no se puede decir que no". Once días más tarde, el 28 de noviembre, fue encargado de llevar una nueva misiva al padre Pío. En ésta, el obispo polaco le agradecía sus oraciones porque "la mujer enferma por un tumor se curó de repente, antes de entrar en el quirófano". Un verdadero y llamativo milagro atestiguado por los médicos.

Cuando era un joven sacerdote, Wojtyla estaba particularmente interesado en la sexualidad humana. Los inquebrantables puntos de vista de Wanda Poltawska sobre el amor y el sexo contribuyeron a perfilar su postura de rechazo a las formas artificiales de contracepción, la cual influyó sobre el Papa Paulo VI, cuando prohibió dichos métodos, en 1968. ☙

Para Wojtyla el sexo era una expresión de amor entre un hombre y una mujer, un punto de vista bastante radical en sus tiempos. Sin embargo, estaba totalmente en contra del aborto, la masturbación, el sexo prematrimonial y, junto con Poltawska, intentó curar a homosexuales. Ambos estaban convencidos de la importancia no sólo de la psicología para evaluar si un seminarista es apto para el sacerdocio, sino también del hecho de que los que tienen tendencias homosexuales no deberían ser sacerdotes. En Cracovia colaboraron en este ámbito, al grado de que durante su pontificado ventiló la posibilidad de someter a un examen de aptitudes a los seminaristas de todo el mundo. Si bien encontró resistencias, actualmente la presencia de psicólogos en los seminarios se la considera útil. Su colaboración en este campo se basaba en la convicción compartida del valor de la dignidad sacerdotal, del celibato y de la castidad.

Para entender plenamente lo que la castidad representó siempre para él, es fundamental leer *Amor y responsabilidad*, el libro que escribió en Polonia entre los 37 y los 40 años. Para Karol Wojtyla, "ser casto significaba ser puro, significaba tener una actitud transparente respecto de la persona de sexo diferente".

"La castidad es la transparencia de la interioridad, sin la cual el amor no es amor y no lo será hasta que el deseo de gozar no sea subordinado a la disposición para amar en todas circunstancias."

Para Karol Wojtyla, la castidad no era una serie de "nos". Es un sí, porque se trata de la virtud que permite amar al otro como persona.

En esas páginas se encuentra ya esbozado su comportamiento libre y respetuoso hacia las mujeres, porque habla del sentimiento que acerca a los seres humanos, de la necesidad de comunicar a los demás nuestra cercanía interior, la ternura que se refleja en gestos como los abrazos o ciertas formas de besos. En él vimos esos sentimientos y esos gestos.

A Juan Pablo II le hubiera gustado que todos los sacerdotes tuvieran su misma libertad, ternura y naturalidad hacia las mujeres. En la carta que cada año le escribía a los sacerdotes de todo el mundo en ocasión del Jueves Santo, Juan Pablo II les hablaba de la castidad y les decía que para vivir el celibato de forma madura y serena tenían que aprender a ver a las mujeres como hermanas. A los sacerdotes ancianos incluso les pedía que vieran a las mujeres como hijas y a todos explicaba que la devoción a la Virgen lo ayudaba a venerar a las mujeres y a ejercer la castidad.

Una de las "especialidades" del sacerdote Karol era la formación de las parejas que debían casarse. Él mismo, en su libro *Cruzando el umbral de la esperanza*, escribió que "como joven sacerdote aprendió a amar el amor humano". Esa experiencia fue fundamental para su formación e incluso para su pontificado, en el que expuso en el curso de las audiencias generales de los miércoles, durante cuatro años, su teología del cuerpo e incluso de la sexualidad.

Obediencia

Según monseñor Oder, Juan Pablo II ejerció la obediencia en forma heroica a lo largo de toda su vida y, sobre todo, durante los últimos 10 años de su existencia terrenal.

Estima que, al igual que Jesús, Juan Pablo II aprendió a conformar su voluntad a la de Dios, quien le manifestó en el curso de los años, a través de los diferentes acontecimientos de su vida, las directrices de sus superiores eclesiásticos o los movimientos interiores del Espíritu Santo.

Mostró una total obediencia no solamente frente a las situaciones felices y libres de obstáculos, sino también ante las más difíciles y desfavorables, como la enfermedad. Sus más cercanos colaboradores comentaron que aceptó la progresiva incapacidad como otra etapa de su servicio a la Iglesia, en el cumplimiento de la misión pontificia.

El Papa se acercó al final de su existencia terrenal en total abandono al Padre, aceptando con serenidad el sufrimiento y, finalmente, la muerte.

Uno de los colaboradores pudo despedirse de él, el día de su muerte. Recordó que nunca podrá olvidar sus ojos y su mano, que mantenía todavía un gesto de bendición. Entendió que ese día moría *un niño obediente de Dios y un gigante de la historia*.

Las religiosas que lo cuidaron día y noche hasta el final de su vida fueron testigos de la forma en que Juan Pablo II aceptó la creciente impotencia física —las dificultades respiratorias debidas al mal de Parkinson y la imposibilidad de moverse— con total abandono a la voluntad de Dios. La asistencia médica estaba garantizada por especialistas y monjas. Al final no podía ni hablar, pero expresaba su agradecimiento con un gesto de bendición de la mano. Era obediente y hacía lo que médicos y enfermeros indicaban. Las dificultades de deglutir y alimentarse, y las frecuentes limpiezas de la sonda, le causaban grandes sufrimientos. Demostraba una gran paciencia. En los últimos días en el hospital, repetía frecuentemente que san Pedro había sido crucificado de cabeza. En la enfermedad rezaba constantemente con el pensamiento y el corazón. Estaba continuamente unido al Señor en la oración y el sufrimiento, con la mirada fija en la imagen de la Virgen de Czestochowa. Rezaba también durante la noche y esto era muy edificante para el personal médico.

Así, Juan Pablo II aprendió a conformarse de forma perfecta al diseño de Dios, convirtiéndose en su instrumento más humilde y dócil. Frente a quien reprobaba su determinación de no esconderse de los ojos del mundo aun en la más humillante condición física —la saliva que salía de su boca era considerada por algunos "inadecuada" a la dignidad papal—, el Pontífice dio una vez más prueba firme de obediencia.

Desde los días del atentado, durante las hospitalizaciones y cirugías, las enfermedades de Juan Pablo II han estado bajo los ojos del mundo entero. Nunca ha escondido nada, y, aunque con evidente sufrimiento físico y moral, ha logrado integrar en sus ministerios las crecientes limitaciones físicas. Todos hemos sido testigos de los primeros síntomas del Parkinson, hemos visto cómo ha tenido que acostumbrarse al bastón después de la operación del fémur, cómo el desarrollo de la enfermedad le fue quitando todo los dones que habían hecho de él el Papa de la comunicación mediática.

La enfermedad le quitó la prestancia física, la gestualidad, la sonrisa e incluso la voz, que había sido uno de los instrumentos más fascinantes.

Hemos sido todos testigos de un viacrucis personal llevado a cabo con enorme dignidad y espíritu de aceptación y obediencia. El hombre que había intentado enseñarnos a vivir también nos enseñó a morir.

Muchas personas comentaron que, durante los últimos días de la vida del Siervo de Dios, el impacto que tuvo sobre ellas la imagen del Papa enfermo, encorvado, con las manos entrecruzadas, la saliva que goteaba sobre ellas, incapaz de hablar de forma comprensible, con una mirada que expresaba sufrimiento, descompuesto a causa de la enfermedad, les hacía recordar cada vez que lo veían a Cristo en la cruz.

Sabemos, gracias a los testimonios de sus más cercanos colaboradores, que siempre obedeció a los médicos, sobre todo en los últimos años, en los que le imponían un ritmo de vida pastoral menos intenso.

Sin embargo, el doctor Renato Buzzonetti, médico personal de Su Santidad, ha afirmado que difícilmente, aun en la enfermedad física, renunciaba a la eucaristía o a la celebración de la misa:

"Me preguntan si el Papa obedecía las prescripciones médicas. Puedo decir que seguía los consejos que se le daban, pero a su manera, en el sentido de que, si por ejemplo se le decía que teniendo un poco de fiebre debía quedarse en su habitación, él no podía dejar de ir a la capilla a rezar, aunque esto fuera en contra de nuestras indicaciones.

"Juan Pablo II manifestaba una 'santa obstinación', en el sentido de que, cuando pensaba que debía hacer algo, lo hacía a toda costa. Por ejemplo, cuando emprendió el viaje apostólico a Canadá, no pudo visitar la comunidad de esquimales a causa del mal tiempo, pero un año o dos más tarde, se obstinó en regresar.

"Tuvo la misma actitud durante el viaje apostólico a Sarajevo, cuando su enfermedad ya había alcanzado un estado avanzado y las condiciones, ya fuesen climáticas o logísticas, lo desaconsejaban. No obstante que durante la noche hubiese tenido un problema cardiaco, él de todas maneras quería celebrar la misa programada, además bajo la nieve".

Ya en los años de juventud, Karol Wojtyla había manifestado un deseo ardiente de amar a Dios, intentando no ofenderlo nunca con actitudes de rebelión o intolerancia.

Sintió un profundo respeto y amor filial hacia su padre, quien fue cariñoso pero estricto en su educación, y cuyo mérito consistió en enseñarle una sólida piedad cristiana. Él mismo contó después de su elección que fue su padre el que le había transmitido la devoción hacia el Espíritu Santo y le enseñó a rezarlo todos los días. De hecho, fue fiel a esta práctica durante toda su vida.

En el seminario fue dócil a las directrices de sus superiores, manifestando una adhesión alegre y constante a sus disposiciones, feliz de su llamado y dispuesto al sacrificio de sí mismo.

Como sacerdote, acogió con obediencia los diversos puestos que le fueron asignados. Así, cuando Karol Wojtyla regresó a su patria después de haber obtenido el doctorado en el Pontificio Ateneo Angelicum in Urbe, el cardenal Adam Sapieha decidió destinarlo a una parroquia de un lejano pueblo de la arquidiócesis, pues el joven sacerdote no le había avisado oportunamente de su retorno. La parroquia estaba alejada de los recorridos de los medios de transporte y esto dificultó su viaje hacia el nuevo destino.

No obstante, nunca expresó resentimiento. Al contrario, más tarde manifestó felicidad por haber tenido durante ese periodo un buen párroco y amables parroquianos.

Karol Wojtyla vivió los nombramientos episcopal, cardenalicio y pontificio en el espíritu de la fe y la obediencia. Una vez elegido obispo auxiliar de Cracovia, se convirtió en leal y devoto colaborador del arzobispo Eugeniusz Baziak. El cardenal Stanislao Dziwisz, secretario de Juan Pablo II, recordó que la colaboración con el arzobispo de Cracovia fue magnífica, ya que monseñor

Wojtyla sentía hacia él un gran respeto, lo trataba como a un padre. En la diócesis infundía el respeto hacia el arzobispo, manifestándose una conforme colaboración entre ambos, sobre todo en la etapa de su enfermedad. No había divergencias entre ellos y esto era útil para la diócesis.

Pero, además, durante esos años el obispo Wojtyla debió someterse frecuentemente a las injustas imposiciones de las autoridades civiles, que obstaculizaban el verdadero bien de la población y el progreso de la fe. El caso de la construcción de una nueva iglesia en Nowa Huta, por la cual el Siervo de Dios debió insistir durante largo tiempo y realizar varias peticiones, es un claro ejemplo.

Un obispo polaco contó que las autoridades estatales hacían de todo para que esta parte de Cracovia se convirtiera en una ciudad sin Dios. En su sabiduría, el arzobispo Baziak insistió en que el joven Wojtyla contribuyera a esta obra pastoral. La conducta del futuro Pontífice hizo que los habitantes de Nowa Huta tuvieran el apoyo de los obispos. También ejerció una fuerte influencia sobre los sacerdotes. Tras los dramáticos acontecimientos de Nowa Huta, o sea, después de que la milicia había atacado a la población que defendía la cruz erguida donde habría tenido que construirse la iglesia, Juan Pablo II ayudó a las personas perseguidas.

Lo mismo sucedió con la defensa de la parte del Seminario Mayor que las autoridades comunistas querían confiscar para transformarla en una casa del estudiante para el Colegio de Pedagogía. Kazimierz Suder, ex párroco de la Basílica de la Ofrenda de la Virgen María de Wadowice, pueblo natal de Juan Pablo II, contó que también defendió el edificio del seminario, que se encontraba en la calle entonces llamada Manifesty Lipcowego (hoy Pitsud-skiego) frente a las autoridades que querían confiscarlo. En esa ocasión fue a hablar con el primer secretario del partido. Esto sucedió cuando era vicario capitular. En ese encuentro llegó a un acuerdo que permitió salvar una parte del edificio de la basílica.

La relación de Karol Wojtyla con el primado de Polonia, el cardenal Stefan Wyszynsky, se caracterizó por el respeto y la reverencia, tanto que las autoridades comunistas intentaban alimentar divisiones y desacuerdos entre ambos, los cuales fueron hábilmente acallados por la constante sumisión del cardenal Wojtyla, quien defendía al cardenal Wyszynsky de las críticas que se le hacían. Sus colaboradores en la curia de Cracovia han contado que las relaciones entre Karol Wojtyla y el cardenal Wyszynsky eran buenas. Hablaba siempre positivamente del trabajo del primado y apoyaba sus iniciativas. Era el periodo del poder comunista, que quería sembrar discordia entre los dos cardenales. Pero el cardenal Wojtyla no se dejó involucrar, consciente de que el Episcopado Polaco debía tener un único juicio común acerca de las autoridades. En cierta ocasión, éstas no concedieron el pasaporte al cardenal Wyszynsky, sino sólo al cardenal Karol Wojtyla; entonces éste, como forma de protesta, no fue a Roma.

Si de vez en cuando surgían divergencias en sus puntos de vista, Karol Wojtyla siempre callaba sin protestar. Según colaboradores muy allegados, él podía ser considerado el "consentido" del cardenal Wyszynsky, quien lo consideraba su sucesor.

También son conocidos los sentimientos de admiración y la obediencia de Karol Wojtyla hacia el Papa Paulo VI.

Éste lo llamó a predicar los ejercicios espirituales de la Curia Romana en la Cuaresma de 1976, presentándolo en esa ocasión a numerosas personalidades eclesiásticas. El futuro Pontífice siempre demostró un filial agradecimiento al Papa, a quien consideraba su "padre espiritual".

El padre Czeslaw Drazek, que trabajó en el diario del Vaticano, confirmó que el cardenal Wojtyla sentía hacia el Papa una devota veneración, junto con un profundo respeto. Estaba ligado a Paulo VI por una sincera amistad, que maduró a través de sus encuentros y una estrecha colaboración. Hablaba frecuentemente del Papa y siempre con calidez. Se alegraba de que Paulo VI hubiera realizado el Concilio Vaticano II con valor y gran equilibrio, y pedía a menudo a los fieles rezar por las intenciones del Pontífice, en particular por sus preocupaciones.

Pero el ejemplar ejercicio de la obediencia nunca provocó en él actitudes remisivas. Con cierta espontaneidad, como de quien tiene completa confianza y es abierto hacia el prójimo, lograba manifestar su pensamiento frente a las autoridades, aunque sin dejar de ser sumiso. Así, su aceptación de la voluntad de los superiores nunca fue confundida con la oprimente pasividad; más bien era vivida en el amor hacia Cristo. Esta actitud queda reflejada en la siguiente anécdota.

En el mes de julio de 1958, Karol Wojtyla fue nombrado obispo auxiliar de Cracovia. Esto provocó gran felicidad. Algunos profesores universitarios apreciaron esta elección porque veían para él un futuro como brillante erudito. Cuando Karol Wojtyla recibió la noticia de que había sido nombrado obispo, se encontraba de vacaciones con unos amigos aficionados al canotaje.

Llamado por el cardenal Wyszynsky, se dirigió a Varsovia, donde el cardenal le comunicó el nombramiento y pidió su consentimiento. Don Karol Wojtyla manifestó que tal vez era demasiado joven. El cardenal Stefan Wyszynsky le respondió: "Es una debilidad de la que se librará pronto". Regresó a Cracovia, donde lo esperaba el arzobispo Baziak con el título de obispo; le pidió permiso para regresar a la canoa, pero el arzobispo exclamó: "¡Quizás esto ya no es adecuado para usted!" Entonces fue a rezar a la iglesia de los franciscanos y regresó a visitar al arzobispo diciendo: "Viene el domingo, ¿quién celebrará la misa para ellos? Los dejaremos sin celebración". "Si es así, vaya", le contestó el arzobispo. De esta manera, regresó con sus jóvenes amigos, para desarrollar el ministerio pastoral.

Juan Pablo II ejercía obediencia y la exigía con equilibrio. Por ello, siempre pedía antes la opinión de sus colaboradores. De su ejemplo de vida muchos aprendían el espíritu de la obediencia. Sus dos secretarios, el cardenal Dziwisz y monseñor Magee, comentaron al respecto que siempre apreciaba la obediencia en los demás como una virtud y una disciplina eclesiástica; sin embargo, exigía de forma razonable el acatamiento de ésta, no para sí mismo, sino para el orden en la Iglesia.

Nunca habría considerado a persona alguna como súbdito. Siempre buscaba el diálogo y respetaba la opinión de los demás, sobre todo la de sus colaboradores. No imponía su opinión sino hasta que su papel lo requiriera.

Además, siempre fue muy atento al responder a las inspiraciones del Espíritu de Dios, mostrando de esta forma una amorosa dependencia de la voluntad divina.

Fama de santidad

Parte fundamental de una causa de beatificación consiste en la fama de santidad del candidato a los altares. Monseñor Slawomir Oder recorrió paso a paso, a través de testimonios, documentos, cartas y libros, la vida de Juan Pablo II desde su niñez hasta su fin para evidenciar la fama de santidad que lo acompañó en las diversas fases de su existencia y después de su muerte.

"El suyo —me comentó monseñor Oder— no fue un camino fácil. Su juventud estuvo marcada por la pérdida de todos sus seres queridos. A los 20 años era un joven solo, que había perdido a su madre, su padre y sus hermanos. Los duelos y la soledad hicieron que abriera su corazón para acoger a todos los que, a su vez, se sentían solos, dolidos y abandonados.

"Más tarde, el encuentro con el mundo de la poesía lo llevó al descubrimiento de la palabra de Dios y lo estimuló a convertirse en un incansable mensajero de la predicación de Cristo.

"Su espontaneidad natural, su sensibilidad estética y su gran vitalidad crearon las condiciones para entender los sentimientos de los jóvenes y trazar ante ellos las líneas directrices por seguir para encontrar la verdadera felicidad.

"Al final de su vida, la larga enfermedad lo transformó en un testigo de la esperanza revelada por el Evangelio que él anunció con toda su vida e incluso con su muerte, sembrando en los corazones de la gente no sólo sentimientos de compasión sino, sobre todo, la conciencia de que todos los que sufren participan de la pasión de Cristo." Principalmente, estos elementos hicieron que se le considerara en vida y después de la muerte una persona santa.

Fama de santidad en vida

Muchos testigos de la causa de beatificación coincidieron en que, durante su vida, Juan Pablo II fue un hombre de Dios y un hombre de los hombres, con un gran corazón abierto a ellos, y que su principal característica fue su humanidad.

El cardenal Casimir Szoka, que fue presidente del Governatorato (Palacio de la Gobernación; donde se ejerce el Poder Ejecutivo) de la Ciudad del Vaticano, recuerda que, debido a su colaboración con Juan Pablo II, muchas veces acudió a su departamento para asistir a su misa privada o comer con él. Siempre —afirma—

tenía la impresión de encontrarse ante un santo, incluso mayor que la persona más santa que había conocido en su vida: si bien no hay dudas de la santidad de la madre Teresa, él advertía —comentó— una santidad aún más grande en el Papa. "Cada vez que salía del departamento papal me sentía inspirado y tenía el deseo de intentar ser santo como él."

Monseñor Joseph Kowalczyk declaró que Juan Pabo II era "un santo de nuestros días". Añadió que muchas personas tenían la impresión de que de su presencia, de su forma de actuar, emanaba algo sobrenatural. Monseñor Kowalczyk trabajó al lado del Papa tanto en Polonia como en el Vaticano.

El cardenal Eduardo Martínez Somalo, en un testimonio muy emotivo, afirmó que Juan Pablo II fue un modelo y un estímulo en la práctica de las virtudes teologales y cardinales, y, a punto de ser un mártir, transformó su vida marcada por el dolor en un "Getsemaní de amor".

Mas no sólo los católicos percibieron la santidad en Juan Pablo II.

Colaborador de Juan Pablo II en la Secretaría de Estado y luego nuncio en Eslovaquia, monseñor Henryk Jozef Nowacki describió que, cuando acompañó al Papa a Sri Lanka, fue testigo de una recepción extraordinaria por parte de budistas e hinduistas, quienes lo acompañaron con cantos y oraciones, porque para ellos "el hombre vestido de blanco era un hombre santo, enviado por Dios".

La convicción de que Juan Pablo II era santo, aparte de ser una opinión generalizada, también constituye un impulso fuerte para que las personas revisen su vida.

Quienes seguimos paso a paso el pontificado de Juan Pablo II fuimos testigos de la manera en que algunos periodistas que empezaron a cubrir sus actividades con un espíritu muy crítico poco a poco, en la medida que lograban penetrar en el alma del Papa y despegarse de las manifestaciones exteriores de su pontificado, se fueron "convirtiendo". El caso más impactante fue el del vaticanista del diario *La Repubblica*, un ex franciscano que había abandonado el sacerdocio y que, debido a sus fuertes críticas al Pontífice en ocasión de un viaje a América Latina en 1985, no fue admitido en el avión papal. Este periodista, Domenico del Rio, escribió seis libros sobre Juan Pablo II. El título del último, publicado póstumamente, lo dice todo: *Karol, el grande*.

Pocos meses antes de morir, en una conversación en el Hospital Gemelli con otro gran vaticanista italiano, Luigi Accattoli, con quien le unía una gran amistad, éste, al saber que Del Rio moriría pronto, le preguntó si quería decirle algo a alguien en especial. "Sí —le contestó—, a Juan Pablo II. Quisiera que supiera que le doy las gracias, con humildad, por haberme enseñado a creer. Tenía muchas dudas y mucha dificultad para hacerlo —añadió—. La fuerza de su fe me ayudó. Al ver que creía con tanta fuerza, yo mismo me sentía más fuerte. Me ayudaba verlo rezar, cuando se entregaba a Dios y se percibía que esta entrega lo salvaba de todo, era su salvación."

Al final de su vida, más allá de las interpretaciones políticas o sociales, Del Rio había palpado la pasión con la que Juan Pablo II revelaba al mundo lo que para él era lo más grande en la Tierra: el amor de Dios. El periodista que durante muchos años había descrito la imponente personalidad del que calificaba como "el nuevo Moisés", ahora, en el umbral de la muerte, percibía una gran semejanza entre el Papa anciano, frágil, pero incansable anunciador del Evangelio, y el Cristo que lleva la cruz.

Del Rio acabó confesándole a su amigo Luigi que sus dudas no habían desaparecido del todo, pero las había hecho a un lado y, al igual que lo hacía el Papa, había aprendido a entregarse a Dios.

La enfermera Rita Migliorin, quien asistió a Juan Pablo II en varias hospitalizaciones en el Gemelli, declaró que en el hospital, tanto médicos como enfermeros tenían la sensación de que era un santo.

Muchas personas en el mundo tuvieron la impresión de que Juan Pablo II era un santo mientras vivió, es decir, un hombre más cercano a Dios y, por lo tanto, un intermediario a quien podía pedírsele su intercesión para obtener gracias.

Hay casos de milagros o supuestos milagros realizados por Juan Pablo II en vida.

Le tocó a México ser el marco de uno de ellos, y al cardenal mexicano Javier Lozano Barragán, atestiguarlo. Un día, en su oficina del Consejo Pontificio para la Pastoral de los Operadores Sanitarios (una especie de Secretaría de Salud del Vaticano), de la que era en ese momento presidente, me contó lo que había visto en el aeropuerto de Zacatecas el 12 de mayo de 1990, durante la segunda visita del Papa a México. Juan Pablo II iba saliendo a pie del aeropuerto cuando, de repente, se detuvo frente a una mujer que tenía en sus brazos a un niño sin cabello, con el rostro cacarañado, que llevaba en la mano una paloma. El Papa le dijo: "Suéltala". Luego le dio al niño un beso en la frente y los bendijo. El niño se llama José Herón Badillo Mireles, tenía cinco años y estaba desahuciado, según los médicos debido a la leucemia. Meses más tarde, el cardenal Lozano recibió unas fotografías de Herón vestido de charro, gozando de buena salud. Al poco tiempo, viajó al Vaticano y se las llevó al Pontífice, quien recordaba perfectamente lo sucedido en el aeropuerto zacatecano. El cardenal empezó a hablarle del "milagro", pero Juan Pablo II se limitó a decir: "Dios a veces hace cosas maravillosas. Yo sólo rezo".

En enero del 2004, Herón y sus padres fueron al Vaticano a darle las gracias al Papa. Fue un encuentro muy emotivo, en el que todos lloraron. La mamá de Herón, María del Refugio, me comentó que le había impactado cómo el Pontífice, en Zacatecas, había sabido ver en sus ojos la desesperación de una madre a quien se le está muriendo un hijo. Herón le dio las gracias al Papa porque "había vuelto a nacer". Lo sucedido era para toda la familia una prueba de que Juan Pablo II podía mover montañas.

Fama de santidad en el momento de la muerte
El mundo tuvo la percepción de que la muerte de Juan Pablo II fue heroica. Lo visto en Roma durante los días de su agonía y fallecimiento, así como el día de los funerales, reflejaba plenamente la convicción general de que había muerto un hombre de Dios, después de haber compartido con Cristo un doloroso calvario. Muy significativas fueron las pancartas en las que se pedía *Santo subito!* (¡Santo ya!).

El cardenal Stanislao Dziwisz, en ocasión del quinto aniversario de su fallecimiento, volvió a contarme las últimas horas de vida de Juan Pablo II y lo que esta muerte había significado. "Este año el aniversario de su muerte cae en Viernes Santc. No puedo olvidar el último viacrucis, cuando al no poder ir al Coliseo debido a la gravedad de sus condiciones, se sentó en su capilla y frente a una pantalla de televisión siguió el rito. Al final nos pidió un crucifijo." El segundo secretario, monseñor Mokrzycki, fue a su habitación y trajo uno, ligero, de madera, que tenía una historia extraordinaria. Según lo que él mismo escribió en su libro *Los martes de Karol*, una mujer de Bieszczady había tenido un accidente y ya no podía caminar. Le pidió al marido que le esculpiera una cruz para poder rezar. Tres años más tarde, se la regaló a un grupo de peregrinos que iban a Roma para el Jubileo del Año 2000. Éstos se la regalaron a Juan Pablo II. Poco después, la cruz llegó al departamento de monseñor Mokrzycki. "Esa imagen del Papa, con la frente apoyada en la cruz —continuó diciendo el cardenal Stanislao— conmovió al mundo. No podía hablar, tenía la cánula de la traqueotomía y todos se dieron cuenta de que el viacrucis de Jesús se había vuelto su viacrucis. Ya no tenía fuerza, pero su espíritu era más fuerte que nunca. Recuerdo, además, y creo que el mundo también lo hace, la última vez que se asomó de la ventana, tres días antes de morir. Quería hablar, pero de su boca no salió palabra alguna. Sólo pudo bendecir por última vez a los fieles que estaban en la Plaza de San Pedro. Esa bendición, sin embargo, ha quedado en el corazón de la gente. Fue su último acto de entrega. Él no se dejó vencer por la muerte. Venció a la muerte. En esos últimos días, en esas últimas horas, nos daba paz, nos preparaba para su muerte, con la fuerza de su espíritu. La Plaza de San Pedro y todos sus alrededores estaban llenos de fieles. Él, de alguna manera, sentía esa fuerza, esa cercanía. A veces abríamos un poco las ventanas y llegaba hasta nosotros la oración que se desprendía de la plaza. Una vez más se daba esa unión, esa cercanía. Vivió el último día como si fuera un día normal. Por la mañana se despidió de varios cardenales que habían sido sus colaboradores, pero también quiso despedirse de las personas más humildes, por ejemplo de Franco, la persona que limpiaba el departamento. A todos les dio las gracias. Fue algo muy conmovedor. Durante el día rezamos mucho; por la tarde, quiso que le leyéramos la Biblia. Quería prepararse para el encuentro con el Padre. Se puede decir que su muerte fue verdaderamente una muerte santa. Él le devolvió a la muerte su dignidad. Hasta el final fue él mismo. Cambiaba de vida pero la vida continuaba. Al final de la tarde, poco antes de su muerte, celebramos la misa de la divina misericordia. No estaba prevista. Sentimos el deber de celebrar esa misa. Después de su muerte sentimos la necesidad de entonar el Te Deum de agradecimiento, obviamente no porque había fallecido, sino por todo lo que había representado su vida y porque estábamos seguros de que estaba entrando a la casa del Señor."

El reconocimiento de la autoridad espiritual y moral de Juan Pablo II quedó plasmado en la presencia de jefes de Estado y de gobierno del mundo entero y de los líderes de todas las religiones durante el funeral.

Según el cardenal Dziwisz, todos esos hombres se habían dado cuenta de que Juan Pablo II era un hombre auténtico. "En sus encuentros siempre les dijo lo que pensaba. Lo hizo con elegancia y diplomacia, pero fue siempre sincero. Lo que tenía que decir lo decía. Con ellos había hablado de paz, había intentado convencerlos de que la guerra nunca representa una solución. En apariencia, no fue escuchado, no logró evitar algunos conflictos, como la guerra contra Iraq, pero la gente sí entendió. Creo que sí logró evitar que esa última guerra que le tocó ver se convirtiera en una guerra de religión, en un enfrentamiento entre el cristianismo y el islam. Estuvimos a un paso, pero él logró evitar que ésa fuera la lectura de ese conflicto. Habría sido muy peligroso."

Según su segundo secretario, monseñor Mokrzycki, el presidente George Bush, a quien el Papa había intentado convencer con todos los medios de que no hiciera la guerra contra Iraq, después de participar en el funeral les dijo que ése era el día más importante de su vida como presidente.

Hubo manifestaciones de gran dolor y, al mismo tiempo, de respeto y veneración. Los medios de comunicación tuvieron una cobertura sin precedentes. En esos últimos días, quedó reflejada, de hecho, la relación que Juan Pablo II, gran comunicador, había tenido con los periodistas, a los que indudablemente apreciaba, independientemente de si escribieran a favor o en contra, y a los que siempre agradecía su labor, porque estaba consciente de que sin los medios su obra y su mensaje no le habrían llegado al mundo.

De lo más impresionante fueron las colas de fieles, que demoraron aun hasta 20 horas para poder estar pocos segundos frente al ataúd del Papa. Nadie se quejó por la espera y el frío. Muchos comentaban que sentían como un deber el estar allí, porque tenían que agradecerle a Juan Pablo II que durante todo su pontificado se había entregado sin escatimar esfuerzo. Una de las monjas del departamento papal que miraba la plaza desde la ventana comentó que en esos días se tenía la impresión de asistir a unos ejercicios espirituales irrepetibles, a escala planetaria. "No contaban el credo religioso ni las opiniones políticas: todos despedían a un gran hombre, a un testimonio viviente de la fe, a un amigo, a un padre, a un santo. La respuesta de la gente fue auténtica porque brotó del corazón."

Periodistas de distintos países que han cubierto los funerales de grandes personajes del mundo, como el del presidente de Egipto Gamal Abdel Nassar, el ayatollah Khomeini, la madre Teresa de Calcuta o la princesa Diana, han comentado que lo visto en ocasión de la muerte de Juan Pablo II no tiene precedente, no puede compararse, incluso en cuanto al despliegue de los medios informativos, que hicieron una cobertura de 24 horas durante varios días.

La fama de santidad ha llegado incluso a países no católicos. Es el caso de Rusia, donde, de acuerdo con lo declarado por monseñor Francesco Colasuonno, quien fuera nuncio en Moscú, la gente piensa que Juan Pablo II ya era santo en vida. También es el caso de un país musulmán, como Egipto, donde Antonio Naguib, patriarca de Alejandría, afirmó que el Papa es considerado tanto por los católicos como por los musulmanes "hombre de Dios", con un carisma profético. Su fama es continua y estable en este país. Lo mismo comentó el patriarca maronita del Líbano, el cardenal Nasrallah Sfeir.

Fama de santidad después de la muerte
A cinco años de su muerte, la gente sigue expresando su amor y agradecimiento a Juan Pablo II. La fama de santidad continúa difundiéndose y manifestándose a través de los miles de peregrinos que todos los días bajan a las

grutas vaticanas para pasar frente a su tumba y dejar allí flores o cartas pidiendo gracias o agradeciendo las ya recibidas. En el resto del mundo se le siguen levantando estatuas, erigiendo plazas, nombrando calles y dedicando instituciones.

Después de su muerte, los cardenales reunidos antes de entrar en el cónclave decidieron pedirle al futuro Papa que eliminara la espera de cinco años prevista por el Código de Derecho Canónico y abriera inmediatamente la causa de beatificación.

Una confirmación de la fama de santidad de Juan Pablo II viene directamente de la oficina de la postulación, adonde, desde mayo del 2005, llegan cartas y correos electrónicos. En los primeros tres años después de su muerte, mientras el postulador avanzaba en la causa, a su oficina en el vicariato de San Juan de Letrán llegaron por correo tradicional unas 2 500 cartas y por correo electrónico alrededor de 40 000 mensajes procedentes de todo el mundo. Imposible contar las cartas dejadas en la tumba y que son enviadas periódicamente a la postulación. El denominador común de todas las misivas es la convicción de que Juan Pablo II fue un hombre santo y de que la causa de beatificación sólo lo hará oficial.

Gianfranco Svidercoski, biógrafo de Juan Pablo II y autor, recientemente, del libro *Un Papa que no muere*, entendió que Juan Pablo II no había muerto precisamente al ver y escuchar a los fieles frente a la tumba del Papa.

"Fui un día a la tumba y había una señora que pidió permiso para que su hijo pudiera tocarla. Sintió mi mirada y me dijo: 'No crea que estoy loca'. Me explicó que no podía tener hijos y que le había pedido a Juan Pablo II que la ayudara. Ahí estaba el niño que al fin había nacido. 'No sé si es un milagro o no, a lo mejor fue la naturaleza que decidió que había llegado el momento, pero en mi corazón yo se lo pedí a él y él me escuchó, por eso tenía que venir aquí para darle las gracias'.

"Entendí que a esta mujer Juan Pablo II le había enseñado el rostro humano de Dios. Al ver la multitud de fieles en la tumba me di cuenta de que siguen teniendo un diálogo con él, como si estuviera vivo. Juan Pablo II nos acercó el cielo que nos parecía algo muy lejano. Esto explica por qué hablan con él como si estuviera vivo y no debajo de la tierra. Me contaron que una prostituta dejó un papelito en la tumba en el que le decía al Papa que sólo él podía mirar adentro de ella y sólo él podía entender cómo en el fondo era una buena mujer, aunque desafortunada. Le pedía que la ayudara a encontrar a un hombre que cuidara a sus hijos. Advertí que los que bajan a las grutas para hablar con él lo mantienen en vida. Por eso es un Papa que no muere. Sigue teniendo una relación con la gente, como cuando estaba vivo."

Svidercoski me contó una anécdota que revela de qué manera Juan Pablo II sigue estando vivo incluso para Benedicto XVI. Cuando le llevó su último libro, antes de que se lo presentara, Benedicto XVI le dijo: "Ya sé que ha escrito otro libro sobre el Papa"... como si el Papa fuera Juan Pablo y no él. Le pregunté a Gianfranco Svidercoski qué es lo que los fieles extrañan más del Papa, y él me contestó que en su opinión extrañan su humanidad y el haber transformado la religión en algo más terrenal, más alegre y al mismo tiempo profundamente espiritual.

Frente a la tumba se encuentra un espacio para las personas que quieren rezar un momento. Por aquí han pasado personas "de la calle", pero también poderosos.

El cardenal Angelo Comastri, encargado de la Basílica de San Pedro, fue el anfitrión de muchas personalidades, entre ellas Margaret Thatcher, que a pesar de no poder caminar bien rechazó una silla de ruedas y con mucho esfuerzo llegó hasta la tumba. Ahí se arrodilló, la tocó y luego besó la mano. El cardenal también fue el anfitrión de la presidenta de Argentina, Cristina Fernández, y de la de Chile, Michelle Bachelet, que quisieron rezar juntas para agradecerle su mediación en el conflicto del Canal del Beagle. El cardenal presidió una vigilia de oración y luego ambas dejaron sobre la tumba dos coronas de flores con los colores de sus banderas. También ha llegado a las grutas vaticanas Michelle Obama, acompañada por sus dos hijas, a las que les explicó lo que el cardenal Comastri le decía acerca de esta tumba, muy pobre por cierto, que, como un imán, atraía a todo el mundo.

Los siguientes son algunos de los mensajes dejados en la tumba de Juan Pablo II durante los cinco años recientes. Los hay anónimos, escritos en hojas de papel de un hotel, en una servilleta o en una tarjeta postal. Otros están acompañados por fotografías o dibujos de niños. Al leerlos se tiene la impresión de que, después de su muerte, se ha establecido un diálogo constante entre los fieles y Juan Pablo II, a quien se dirigen como si fuera un amigo, un familiar, al que puede pedírsele ayuda y consuelo. Tuve la oportunidad de ver estos mensajes en un salón de la oficina de la postulación a la que llegan todos los mensajes, los objetos, los dibujos, las prendas de bebés, las rosas, frescas o de plata, que personas de todas las edades, de todas las condiciones sociales, de todas las nacionalidades dejan en su tumba como si él estuviera vivo y pudiera recibirlos. Me tocó ver mensajes en muchos idiomas, escritos con estilos muy diferentes, pero en todos encontré la convicción de parte de los que los escribieron de que se estaban dirigiendo al mismo tiempo a un hombre, a un Papa y a un santo. Muchos le cuentan a Juan Pablo II cómo vivieron los últimos días de su existencia terrena, lo que representó para ellos el que falleciera, lo mucho que lo extrañan. Pero también le hablan de sus problemas cotidianos, desde los más banales, hasta los más graves. Muchos jóvenes estudiantes le piden ayuda y protección en los exámenes, desempleados le piden auxilio para encontrar trabajo, hombres y mujeres que atraviesan por crisis sentimentales le solicitan que intervenga para salvar su noviazgo o matrimonio, o para encontrar una nueva pareja que resulte mejor, muchísimas parejas le piden la gracia de un hijo o le dan las gracias por haberlo tenido después de recurrir con la oración a su intercesión.

Hay cartas o dibujos de estos niños que le agradecen haber sido "enviados a mamá y papá". Son muy numerosas las personas que le hablan de sus enfermedades y le imploran la curación, el apoyo en una intervención quirúrgica o en un examen delicado. Muchos le piden perdón por no haberlo apreciado en vida, por haber descubierto demasiado tarde su presencia. La comunicación llega a tales extremos de confianza que se le cuenta el dolor por la muerte de un gato o de un pececito rojo o de la frustración por el robo de un automóvil o la dificultad en encontrar una vivienda. También le piden por sus países, por la paz, por una mejor situación económica y social. Los jóvenes le agradecen el haberles dado confianza y el haber tenido, a su vez, confianza en ellos, el haber sido exigente y firme pero tierno y cariñoso, por haber representado un faro en sus vidas. Me llamó la atención que todos lo consideran, de alguna manera, como algo suyo. Le dicen papá, abuelo, papito mío, hermano, dulce Karol, querido Papa mío, casi todos lo tutean, como si fueran íntimos amigos o familiares.

"Juan Pablo, te extrañamos mucho, mucho, Santo Padre, pero sabemos que ahora tenemos en el cielo alguien más que habrá de interceder por nosotros."

"Bendito seas, querido Papa. Bendito seas para siempre."

"Somos tus frutos, Juan Pablo. Pídele a Dios que nos proteja, que nos ayude y que permita que siempre, siempre, estés en la ventana del cielo, mirándonos, guiándonos, protegiéndonos, sonriéndonos."

"A nuestra mente viene aquella bendición desde el palacio apostólico, aquella paloma que liberaste y volvió a tus manos, aquel papamóvil vacío recorriendo las calles de la ciudad de México, aquel Muro de Berlín que cayó en pedazos por tu amor a nuestra Madre santísima, aquel funeral donde los poderosos de la Tierra se arrodillaron ante ti."

"Te ofrecemos nuestras lágrimas, transfórmalas en flores para Nuestra Madre. Son la humilde ofrenda de cada uno de nosotros, de

*todos los que pudimos ver en ti un regalo
de Dios."*

*"Tú nos enseñaste que los santos existen y
que Dios está más cerca de lo que pensamos.
Nos enseñaste con tu ejemplo que ser santo
es posible y que además es una obligación
para todos."*

*"Un gracias tan pero tan grande como el
amor y el ejemplo que supiste dar en esta
tierra fiel mexicana."*

*"Hola, ¿cómo te encuentras? La verdad, creo
que estás de maravilla. Nosotros aquí, con la
inclemencia del tiempo y muchos males más."*

*"Queremos pedirte, Papito, que Felipe Calde-
rón pueda gobernar y que lo haga bien,
que los diputados y senadores hagan
bien su trabajo, que López Obrador recapa-
cite y admita que perdió. Señor, ten piedad
de ellos y de nosotros."*
Veracruz, 13 de septiembre de 2006

*"Papito lindo, cuánto te quise y cuánto te
sigo queriendo. Lloro cuando te veo en televisión. Como lloré cuando te fuiste a reunir
con el Padre. Ahora te pido por mi hijo, que
se va a ordenar sacerdote. Te pido que sea un
sacerdote santo y bueno."*
Chihuahua

*"Te pido por todos los niños que no tienen
que comer, que no tienen dónde dormir
y que no tienen ni mamá ni papá. Gracias
por darme un cuerpo sano y una cabeza
que, pienso, es inteligente."*

Alumna del séptimo año, Chile

*"Te pido que mis padres se conviertan al
catolicismo, para que se puedan ir al cielo.
Te pido que cuando mi mamá se entere
de mi vocación no haga ninguna locura y
que mi abuela no sufra."*

Niña de una familia no católica

*"Me nació una segunda hija en lugar de un
varón. Me siento defraudada. Si tú no puedes hacer el milagro, ayúdame a no llorar y
a resignarme a lo que Dios me mandó."*

*"Juan Pablo, nunca nos dejes. Acuérdate
siempre de nosotros. Te amo y lloro por ti.
Nos dejaste un gran vacío. Te extraño, me
siento desamparada."*

Graciela. D. F.

*"Dame amigos y juguetes, muchos juguetes,
y haz que pueda ir a la playa de nuevo."*

Niña del D. F.

*"Te pido que le ayudes a mi esposo a librarse
del diablo que hizo que nos abandonara."*

Mujer del D. F.

"Te pido que me des un papá y un hermano, si puedes."

Niña mexicana

"Mis papás se han separado. Te pido que sus encuentros sean más cordiales y platiquen los verdaderos problemas que los llevaron a separarse."

Muchacho de Monterrey

"Querido Padre, hermano, amigo, quiero sanarme del VIH, quiero dejar de tomar todos los medicamentos. Querido amigo de mi alma, ayúdame."

Tu hijo

"Te pido que intercedas para que mi novio se case conmigo pronto."

"Te pido que intercedas para que mi esposo, que es el amor de mi vida, no sea tan enojón."

"Quiero agradecerte que hayas considerado a México como uno de tus más fieles seguidores. Gracias por tus bendiciones."

"Te quiero mucho, Karol, hasta el cielo, Lolek. No te olvides de este mundo cruel."

"Hola, ¿cómo estás? Estoy segura de que muy bien, rodeado de ángeles, santos y gente linda. Te pido que saludes a mis abuelos. Bueno, ya no te molesto más."

"Concédeme ser feliz con un hombre que me merezca."

"Eres un ser maravilloso, con mucha bondad. Gracias por escucharme. Abre mi corazón para que pueda escucharte."

"Soy un arquitecto mexicano. El encuentro mundial de la juventud en Denver en 1993 cambió mi vida. Ahí volví a creer en la capacidad que tenemos de amar, en la juventud y en la vida misma. Quiero que sepas que me casé con la mujer que me invitó a ese encuentro."

"Al igual que tantas personas, extraño mucho a nuestro querido y admirado Juan Pablo II. Ha dejado un gran ejemplo de amor al prójimo, pero también un gran vacío en nuestras vidas."

Raquel. Panamá

"Si hay alguien que merece como pocos la santificación, ése es Juan Pablo II. Su vida fue un ejemplo en todo sentido. Nunca hirió a nadie, sólo habló de paz, de amor, pero nunca fue débil ni dejó de decir lo que debía."

Federico. Argentina

"Juan Pablo II fue el Papa con el que he crecido, le tengo una gran devoción y desde su fallecimiento acudo a su intercesión, pues es seguro que está muy cerca de Dios, al que tanto amaba."

M. Inmaculada. España

"Debido a mi gran devoción por este gran hombre, tanto para nuestra religión como para la humanidad, deseo fervientemente que sea canonizado, teniendo en cuenta los logros humanitarios que alcanzó en su vida, como por ejemplo detener la guerra entre Argentina y Gran Bretaña y haber logrado que mi país, Argentina, no entrara en un conflicto bélico con Chile."

Marcelo. Argentina

"Juan Pablo II, el Santo, ha sido el hombre más justo que he visto. Sentí su pérdida como si fuera la de un familiar. Juan Pablo me ayudó cuando casi me vence la tentación con una muchacha que no era mi esposa. Antes de que pasara algo, le empecé a hablar de Juan Pablo y le dije que no a la chica. Ahora

en mi enfermedad su ejemplo me da ánimo,
tengo menos dolores y tomo menos medica-
mentos desde que rezo su oración."

José Francisco. España

"Para verlo y escucharlo han viajado por tie-
rra, mar y aire, utilizando todos los medios
de transporte posibles. Hubo gente que cami-
nó por los bosques de África, que navegó por
los ríos de Asia, que recorrió la cordillera
de los Andes. Lo asombroso es que nunca
hubo accidentes mortales. Creo que se debe a
la Providencia Divina. Tengo la seguridad de
que Juan Pablo II rezaba y pedía oraciones
cada vez que alguien emprendía un viaje."

Padre José Antonio. España

"Padre amado, mi amado Papa, gracias,
mi amado Papa, te amo y te veré algún día.
Te amo, mi Papa Santo."

Tu hijita, Rosabel

"Qué orgullosa estoy de ti, viendo el fruto
de tu cosecha y escuchando tan buenas opi-
niones sobre tu vida."

María. Miami

"En el aeródromo de Madrid, escuché decir a
Juan Pablo II: 'Vale la pena dar la vida por
Cristo' y 'Se puede ser muy actual y seguir a
Jesucristo'. Estas palabras han supuesto el

detonante para que, un par de años después, quiera entrar en el seminario conciliar de Madrid con el ánimo de servir yo también a Jesús. Quiero darle las gracias por mi vocación sacerdotal y por habernos acercado a todos a Jesús, a través de su Madre."

Juan Miguel. España

"Siempre consideré a Juan Pablo como un santo viviente. Era alguien que, por donde pasara, sembraba amor, esperanza, justicia. Fue pacificador, conciliador, peregrino, amigo, hermano..."

Juan Carlos. Perú

"Le agradezco a Juan Pablo II que nos haya dado la oportunidad de hacer lo que nos gusta y de haber confiado en chavos y chavas. ¡Gracias, Juan Pablo! ¡Gracias por confiar en nosotros!"

Cristina (15 años de edad). Cancún, México

"Soy una joven peruana de 26 años. Siempre he visto a Juan Pablo II como una persona fuera de lo normal, con tanto amor para dar, nobleza y sencillez. Creo que por toda su pasión por el catolicismo, por tratar de acercar a todas las religiones, debería ser santificado, ya que sólo un santo puede sufrir y seguir siendo grande como lo era él..."

Melissa. Perú

"Sus pensamientos y sus frases no están huecos, en ellos palpita un corazón humano y configurado con los pensamientos y sentimientos de Jesús. Toda su vida estuvo volcada hacia los demás, pero desde una profunda experiencia de fe en aquel que tanto nos ama... Una muerte como la suya no se improvisa, brota de una vida de fe, esperanza y amor, de una virtud llena de actos heroicos, de un alma de cumbres y plenitudes como era la suya."

Hermana M. Anunciación

"En el corazón de mi esposa y en el mío también, Juan Pablo ya es santo, desde el mismo momento en el que Dios se dignó llamarle a su Santo Seno. A él como santo nos encomendamos todos los días."

Juana y José

"Juan Pablo II, te quiere todo México.

"Gloria a Dios que está en los cielos, porque Él envió a Juan Pablo como testimonio de fe, amor y paz. Nos envió al Papa viajero, al Papa amigo, al Papa de los pobres, al Papa incansable, al Papa más querido de todos, al Papa que demostró valor y entereza en su enfermedad y no se rindió hasta que Dios decidió llevárselo.

"En tus cinco visitas nos mostraste gran cariño y afecto, pronunciaste frases que *nunca olvidaremos, como 'México, siempre fiel' o 'México sabe bailar, sabe cantar, sabe rezar pero sobre todo ¡sabe gritar!'"*

Víctor Hugo. México

"Como seminarista, me pidieron ayudar en el servicio en el altar de la misa que el Papa presidiría en Santa Clara, Cuba. Cuando tuve al Santo Padre ante mí, quedé decepcionado al ver a un hombre que estaba marcado por la cruz del dolor, de la enfermedad y del cansancio. Lo que había delante de mí era más un pobre anciano que el Vicario de Cristo. La tristeza me invadió hasta que, durante la misa, el Papa me miró y con voz débil pero humilde a la máxima expresión, me dijo: 'Gracias, muchas gracias'.

"Quedé desconcertado: el Vicario de Cristo ¿me dio las gracias a mí, que soy un simple seminarista? La verdad es que se me hizo un nudo en la garganta. ¿Cómo era posible que aquel a quien yo debía agradecer se volviera hacia mí y me diera las gracias, haciendo un esfuerzo tan grande? Sólo pude decirle: 'Gracias a usted por venir a visitarnos'. Y su respuesta a mis palabras, que no iban tan llenas de humildad y dolor como las de él, fue una sonrisa que me cambió esa tristeza que me embargaba cuando lo vi a su llegada.

"Éste es mi testimonio. Testimonio que tal vez no es un milagro portentoso, pero sí

es muestra de una Humildad, con mayúsculas, que un hombre así no tenía por qué darle a un seminarista."

Jesús Rafael. Cuba

"Cuenten con nuestra eucaristía diaria para ver a Juan Pablo II, el grande, en los altares, como ejemplo de ser humano, ciudadano, profesor universitario, sacerdote, obispo y Papa. Mucho le debemos el orbe cristiano a este santo pastor."

Enrique

"En la cola interminable para ver su cuerpo expuesto en la Basílica de San Pedro, entendí cuál había sido el verdadero milagro de Juan Pablo II: reunirnos a todos, creyentes y no creyentes, jóvenes y ancianos, con el sentimiento común de acompañar a un familiar. A lo largo del recorrido, sentimos un delicado olor de santidad que nos guiaba hasta su cuerpo. Todos entendimos que era el olor de santidad de un hombre que nos había dado la ternura del corazón de Dios Padre, el amor de Jesús por sus hermanos y los frutos del Espíritu Santo. Papa Karol, has sido para todos nosotros 'el ícono de la Trinidad'. Tu luz no se ha apagado, nos iluminas con el faro de tu corazón eternamente joven, impregnado de Dios hasta el fin del mundo."

Cintia. Italia

"¿Qué puedo decirte yo a ti, mi Papa lindo? Muchas cosas, pero la principal de todas: no sabes cuánto le agradezco a Dios el haberme dado la gran bendición de poderte ver en persona en la cuarta visita a México, porque fue Él quien me permitió hacerlo...

"Qué amor tan grande nos transmitiste a tu paso, pero aún más, qué dicha tan grande el poder verte pasar y sentir tantas emociones juntas, sentir la presencia de Jesús, pues hoy en día no nos cabe la menor duda de que eso mismo debieron sentir los que lo vieron en persona.

"Gracias, Juan Pablo, por esos momentos, los mejores que hemos vivido en nuestras vidas. Gracias por canonizar a Juan Dieguito, una vez más quisiste demostrarnos tu gran amor. Tus visitas a México han sido el parteaguas para toda mi vida, todo lo que ha venido después ha sido hermoso, pero desde que nos dejaste hemos sentido ese gran vacío. Te extrañamos mucho, realmente nos amaste y nosotros te amamos mucho. Mis hijos dicen: nadie como tú. Ahora que estás allá con Jesús, con Dios y el Espíritu Santo y, sobre todo, con la Mamita nuestra, aboga por todos nosotros."

México

"Querido Papa Juan Pablo, soy Doriana, la niña autista... que te escribió antes de que murieras. Quisiera venir a tu funeral pero mamá no quiere porque estoy delicada. Quería estar más cerca de ti porque tú has sido verdaderamente grande y todos te llevamos en el corazón. Tú, Papa Juan Pablo, eres para mí igual de importante que Jesús, quisiera que el mundo entero me oyera gritar mi amor.

”Quisiera pedirte un favor: que desde el cielo me ayudes a curarme y que cuides a Sonia, mi maestra, que es mi ángel de la guarda y que no se encuentra muy bien. Yo te seguiré rezando. Te quiero mucho.”

Doriana. Italia

“Has sido la voz de los que no podían hablar. La esperanza para los que no osaban esperar. Un padre para quien no tenía a nadie. Un amigo para el que estaba marginado. Has hecho entender al mundo que no hay límites ni barreras entre nosotros y Dios, pero, sobre todo, Papa nuestro, nos has enseñado a querer, has devuelto a nuestro corazón la fuerza que se había adormecido... nos has devuelto la esperanza de que este mundo pueda estar unido en un único gran abrazo.”

Tiziana. Italia

“Juan Pablo II, Papa mexicano:

”Querido Papa amigo, tú sabes lo que significas para todo el mundo, eres el único ser humano que ha logrado ser amado por tantas personas.

"Tengo muy bonitos recuerdos de ti y de las cinco visitas que hiciste a México. Algo muy especial para mí fue la primera, del 26 al 31 de enero de 1979. Yo nací tres días después y siempre sentí que me había marcado mucho. Simplemente el ver tu carita me inspiraba siempre paz, amor y ternura. Eres la persona más noble, buena y cercana a Dios.

"Gracias por toda la alegría que nos diste en tus 26 años de pontificado, tú siempre permanecerás en mi corazón. Estoy contenta porque ahora estás con tu mami, tu papi, tu hermano, tu hermanita bebé y con la Virgencita morena.

"Descansa, Juan Pablo, tu misión en este mundo la cumpliste más de lo imaginable, nadie lo pudo haber hecho mejor. Dios está feliz con la labor que hiciste y te recibe con gran amor, con sus brazos bien abiertos.

"Te amo, Papito mexicano, seguirás en mi corazón hasta el momento que Dios me recoja y ojalá tú me recibas en el cielo con los brazos abiertos, al igual que Dios lo hizo contigo."

Marianita. México

"Tengo 16 años. Decidí seguir la vocación sacerdotal porque Juan Pablo me hizo ver que esta vocación es hermosa. Para mí es un ejemplo de amor y perseverancia. Todas las veces que lo vi en México sentí una emoción enorme, porque en su rostro se veía a Cristo,

yo lo veía como al mismo Jesús, invitándo-
nos a amarnos.

"Lo único que pido es que lo hagan santo
pronto, pues estoy seguro de que ya está en
un lugar muy especial con el Padre Dios.

"Santo subito!"

"Los que vivimos en la Argentina no du-
daremos jamás en considerar a Juan Pablo
II como un verdadero santo. No sólo impidió
que nuestro país viviera una guerra fratrici-
da con nuestros vecinos de Chile, mediando
por la paz en el conflicto del Beagle, sino que,
con su visita a Londres y Buenos Aires, impi-
dió que la guerra de las Malvinas, en 1982,
tuviera un desenlace nuclear sobre nuestro
territorio continental. ¿Caben dudas de que
sólo alguien llamado a la santidad pudo ha-
ber logrado esto?"

Leonardo. Argentina

"Mi nombre es Clara, soy colombiana y doy fe
de la virtud heroica de Juan Pablo II cuando
en Managua, Nicaragua, en el año 1983, se
enfrentó con valentía y gran fe defendiendo la
eucaristía que estaba siendo profanada por
las autoridades sandinistas. Nuestro Padre
nos confirmó así en la fe y nos dio el valor su-
ficiente para proclamarla frente a la entonces
beligerante 'iglesia popular' y luego en nues-
tras vidas ante cualquier obstáculo que se
opusiera a los valores de nuestra fe católica."

Clarita. Colombia

"La vida y la obra de Juan Pablo II son un milagro para la Iglesia y para todo el mundo. Juan Pablo es un santo profundamente humano en el que todos vimos la humildad, la capacidad de diálogo, la comprensión y caridad hacia el hombre moderno, la pobreza, la austeridad y el desapego y olvido de sí mismo, el buen humor y el gozo cristiano, la valentía, la coherencia y la transparencia.

"Su cansancio y sus pequeñas impaciencias por no poder dar más debido a sus limitaciones físicas no le quitan nada a la santidad de este hombre de Dios; al contrario, atestiguan que, reconociendo nuestras limitaciones, podemos llegar más rápido a Él.

"Me llamó la atención la serenidad, la fortaleza en la fe y la confianza en Cristo en sus últimos días. Sólo los santos que han vivido plenamente en Dios mueren, mejor dicho, pasan de este mundo a la casa del Padre sin miedo, sin desesperación, aunque con la angustia de la cruz."

Miguel Felipe. Colombia

"Tú ya no estás físicamente, pero, aunque tu cuerpo ya no esté, tu alma y tu espíritu siguen conmigo. Para mí tú eres inmortal. Quiero agradecerte a ti y a la vida esa gran oportunidad de haber conocido, admirado y amado a un ser tan especial como tú. Siempre serás alguien muy especial, que dejó una huella llena de luz en mi corazón."

México, D. F.

"Creo firmemente en la santidad de Juan Pablo II. Me resulta tan cercano que recurro a él con frecuencia para salir adelante y me siento particularmente escuchada. Es como tener a mi papá en el cielo."

Marcela. Chile

"Gracias, Juan Pablo, dulce Cristo en la Tierra. Gracias por tu fe, gracias por tu esperanza, gracias por tu amor, gracias por tu vida de entrega. Amado Santo Padre, sigue cuidando de nosotros, ayúdanos a querer a María como tú y a decirle sí a Cristo, siempre."

Carmen. España

"Juan Pablo II se entregó heroicamente a Cristo en un servicio heroico a la Iglesia y al mundo. Sufrió heroicamente, ofreciendo su vida unido a Cristo y a la Virgen María. Su muerte fue la de un santo.

"Desde Monterrey, México, le pido a Dios que manifieste la santidad de su siervo Juan Pablo mediante milagros."

P. José Abramo

*"Gracias, gracias, gracias. Gracias
por haberme enseñado a no tener miedo
de lo que la vida nos reserva, gracias por
haber contribuido con tu ejemplo a
acrecentar mi fe, gracias por haberme
hecho descubrir al hombre en un Papa,
antes una figura tan lejana e inaccesible,
ahora tan humana y cercana a todos nosotros. Has sido realmente un gran hombre
y un gran Papa. Aunque ya no estas aquí
físicamente, tu presencia es fuerte, te siento
cerca de mí todos los días. No importa
si serás santo pronto o dentro de mucho,
para mí ya eres santo. Te ruego que protejas
a mis hijos."*

Maria. Italia

*"No he tenido la oportunidad de encontrar
al dulce Papa polaco, a mi Papa Karol, pero
él estaba siempre cerca de mí, como un ángel
de la guarda, me sentía protegida. El 2 de
abril de 2005 lloré y lloré.*

*"Lloré porque no había tenido la oportu-
nidad de encontrarlo, lloré porque me sentí
desprotegida, sola.*

*"Después de haber hecho una larga cola
para verlo, entendí que estaba equivocada,
que el Papa Karol no estaba lejos, que estaba
aún más cerca y me seguía protegiendo.*

*"Desde ese día empecé a descubrir el
amor, ese amor que lo explica todo. Desde
ese día ya no le tengo miedo a Cristo, ya no*

tengo miedo de abrir de par en par las puertas de mi corazón, ya no tengo miedo de donar mi tiempo y mi vida.

"Gracias, Papa Karol, por esta luz que has prendido en mí, en mi corazón, en mi alma."

Genny (26 años de edad)

"Queridísimo Papa, te extraño muchísimo, siento que hayas muerto, porque eras muy bueno, nadie podrá ser un Papa como tú. Has besado a todos los niños del mundo y has sido la mejor persona del mundo. Nunca has sido malo, has querido a todos, también a los ancianos, a los enfermos y a los niños."

Francisco (7 años de edad)

"Querido Papa, quisiera añadir un acento y llamarte Papá. Pienso mucho en el amor que has tenido para todos, especialmente para los niños y los jóvenes, que considerabas tus hijos.

"Te he visto dos veces de cerca y tu cara encantadora y siempre sonriente me ha hecho entender que soy feliz y que no debo desalentarme nunca. Quiero seguir tu ejemplo y no sentirme avergonzada de mi enfermedad. Yo siento mucho amor por ti, te he visto siempre feliz a pesar de que sufrías. Nunca te has rendido. Ahora que has vuelto a la casa del Padre, no te olvides de nosotros."

Gioia (12 años de edad)

"Querido Papa, mejor dicho, querido hermano. Tú para mí has sido todo, aunque nunca te vi de cerca. Quiero llamarte hermano porque tú me querías a mí y a todos los demás niños. Tú para mí has sido un hermano, porque has donado tu vida y tu amor a todos sin excluir a nadie; has besado incluso a los leprosos y enfermos de sida. No olvidaré tu espléndido carácter y tu espléndida persona."

Vincenzo (10 años de edad)

"Queridísimo Papa, desde que te has muerto reina una gran tristeza en todos los países del mundo. Todos extrañamos tu voz, que llenaba nuestros corazones de cosas buenas. Nos hace falta tu rostro, que reflejaba cansancio, pero también tus ganas de no rendirte. Nos hace falta tu mano, que nos daba la fuerza de seguir adelante; nos falta tu dulzura y tu gentileza, que hacían de ti alguien especial. Has sido un hombre valiente porque, a pesar de todas tus enfermedades, has querido seguir hablando con los fieles. Has acercado a las religiones, has luchado para acabar con las desigualdades y les has dado paz a todos. Soy muy feliz por haberte tenido como Papa, aunque no he podido venir a verte. He decidido hacerte un pequeño regalo para agradecerte todo lo que has hecho por nosotros: quisiera poner un acento sobre la *a* para poder llamarte Papá. Mi pequeño, querido Papá, acuérdate de que te quiero mucho."

Grazia (13 años de edad)

"Juan Pablo II, fuiste elegido de Dios, agradezco el favor que de ti he recibido. En un instante supremo mi malestar se esfumó, alabo y reconozco la grandeza de Dios.

"Tú, que has recibido de Dios especial gracia, que abunde en los hogares salud, paz y esperanza."

María de los Ángeles.
Ciudad Victoria, México

"Querido Papa, me llamo Clarisa y tengo 10 años. Te vi siempre en la televisión y cada vez me parecía ver a mis abuelitos, que desafortunadamente no conocí. Me encantaba ver el cariño que le demostrabas a los niños afortunados que pudieron encontrarte y ser abrazados por ti. Espero que desde arriba seguirás queriéndonos y protegiéndonos."

"Querido Papa Juan Pablo II, te escribo para agradecerte que esté bien y para decirte que te quiero mucho. Quería venir a verte para que me bendijeras y me abrazaras, pero tú desafortunadamente te has ido con Jesús. Sé sin embargo que desde el paraíso me ves y me escuchas. Te pido que si hago cosas equivocadas me perdones y me hagas *entender por qué me he equivocado. Ahora te saludo y te repito que te quiero mucho."*

Ada (10 años de edad)

"Doy gracias a Dios por haber podido estar en diversas audiencias de los miércoles y en una audiencia privada en la que pude asistir a una misa celebrada en su capilla privada. Me impactó siempre lo siguiente: primero, toda su comunión profunda e intensa con el Señor, verlo orar era estar en presencia del Señor en el sancta sanctorum; *en segundo lugar, me impactó siempre el respeto por todo ser humano y sus atenciones con todas las personas. Este hombre de Dios tenía una palabra para todos, tenía oído para todos."*

Colombia

"Me has donado el valor del amor, el valor de hablar, de actuar y de sufrir. Me has dado tu brazo para sostenerme cada vez que me he caído. Me has donado la dignidad en el dolor y me has ayudado a aceptar la ofensa, enseñándome a responder con amor. Me has enseñado la humildad y el amor por los más débiles.

"Gracias, mi queridísimo Juan Pablo, por haberme donado la fuerza de amar siempre y a pesar de todo."

Miranda. Italia

"Desde el día de tu elección, nos dimos cuenta de que eras diferente: joven, enérgico, entusiasta, fuerte y guapo, pero nunca pensamos que marcarías de una manera tan importante nuestras vidas. Después de tu muerte, entendimos que se había cumplido la voluntad de Dios porque le habías indicado el camino a todos, a todos les habías dado el ejemplo. Ahora nos toca a nosotros recorrer los caminos del tercer milenio con los ojos puestos en Cristo. Ojalá nos veamos en el cielo. Te quiero."

Carla. Italia

"Querido Papa, soy una niña de seis meses. Me llamo Karol, como tú. Mi mamá había prometido llamarme como tú en el caso de que hubiera podido darle un hermano o una hermana a Luca, que tiene ocho años más que yo. Cuando sea más grandecita, aprenderé a quererte porque sé que, cuando estaba en la barriga de mi mamá, en el cielo había un ángel que me protegía. Te pido ahora que protejas también a mi hermanito y a mis papás."

Karol. Italia

"Soy la mamá de Karol. Después de tres abortos y un embarazo extrauterino, supe que para darle un hermano a Luca tenía que recurrir a la fecundación artificial. Sé que a la Iglesia no le gusta, pero yo

fui una niña huérfana y no quería que Luca creciera solo. Después de dos intentos, nació una niña. Había prometido que, si era un niño, se llamaría Juan Pablo; si era una niña, se llamaría Karol. Yo creo que Juan Pablo no está enojado conmigo y entendió por qué actué de esta manera. Es más, pienso... que él me ayudó."

La mamá de Karol

"Querido Santo Padre, le escribo al Vaticano porque no conozco su dirección en el cielo, donde usted se encuentra, cerca de Jesús, al que tanto quiso. De vivo, usted sacudió a la Iglesia, pero también a millones de seres humanos. Por eso quiero darle las gracias. Espero nos veamos en el cielo para que pueda agradecerle de nuevo, pero en persona."

Remy. Francia

"Viajero incansable, escrutador de la esencia del ser humano, contemplador de la belleza del universo, reconciliador de las religiones, tu ruta de repente ha cambiado: te has ido volando acompañado por un ángel y nosotros, huérfanos consternados, te extrañamos.

"En tus funerales se han reunido los poderosos de la Tierra, algunos superando viejos prejuicios, otros divididos por las ideas o las religiones, pero todos se han estrechado la mano para rendirte homenaje. Nos de-

mostraste ese día, una vez más, que el que muere no muere. Sigues siendo nuestro faro y a nosotros, pobres caminantes marcados por el dolor y las dificultades de la vida, nos das esperanza de saber vivir y, aún más, de saber morir como tú."

Antonieta. Italia

"Tengo 60 años y soy hebreo. No recuerdo ningún Papa, antes de Juan Pablo II, tan valientemente comprometido por conseguir la unidad entre los miembros de todas las religiones y la paz en el mundo... Desde mi punto de vista, que, estoy seguro, comparten muchos hebreos, este gran hombre merece ser reconocido como santo."

Peter. Gran Bretaña

"Amado padre, sufro mucho por tu muerte. ¿Sabes?, no sé si creo en la vida después de la muerte, ni siquiera sé si creo en Dios. A mis 45 años aún no lo he decidido, pero sé reconocer a una gran alma, que con su enorme fuerza es capaz de conquistar a los indecisos de siempre, como yo. Estoy contenta de que hayas encontrado la puerta del paraíso y espero que Dios te tenga a su lado por toda la eternidad."

Margarita. Italia

"Este mensaje es sólo un grito del corazón para que nuestro buen Papa Juan Pablo II sea canonizado. Él ha reunido a las masas, él ha hecho llorar de ternura a creyentes y... no creyentes. ¿No es un milagro en el mundo de hoy? No busquen otros motivos para ca-vnonizarlo, aunque los haya a centenares."

J.-Michel. Francia

"Soy un preso de la cárcel de Busto Arsizio, mis compañeros y yo queremos hacer llegar un mensaje al Santo Padre Juan Pablo II para decirle que lo queremos por sus enseñanzas de fe, alegría, amor, caridad y misericordia hacia todos sus hermanos. Lo queremos también por su gran humildad y sensibilidad, de la que dio testimonio ante todas las razas y religio-nes. Le damos las gracias por lo que hizo por nosotros, los presos, por haber sensibilizado a los políticos y a la opinión pública en nuestro favor. Permanecerá siempre en nuestros cora-zones y en nuestra mente su fe, su amor, su bondad y su ternura, su carisma, que aún hoy continúa vivo en todo el mundo."

Salvatore. Busto Arsizio, Italia

"Querido Papa, sé que eras un buen depor-tista y que te gustaba mucho jugar al futbol. Pero, en mi opinión, eras aún más eficiente en hacer llegar la palabra de Dios a todo el mundo."

Niño anónimo. Italia

El milagro por el que Juan Pablo II podría ser beato

L a carta de la madre general de la Orden de las Pequeñas Hermanas de la Maternidad Católica con el relato de la curación milagrosa de la hermana Marie Simon Pierre, enferma del mal de Parkinson, padecimiento que llevó a la muerte a Juan Pablo II, llegó desde la apertura de la oficina de la postulación a la mesa de Michelle Smith, la principal colaboradora de monseñor Slawomir Oder, el postulador de la causa. Por estar escrita en francés, lengua que ella domina plenamente, fue la primera en leerla.

Michelle me contó, no sin emoción, que entendió inmediatamente que se encontraba ante un verdadero tesoro. Le llamó la atención, ante todo, la sencillez y humildad con que la madre general presentaba el caso de la curación de la hermana Marie Simon Pierre, y al mismo tiempo le agradecía a Dios por esta gracia. "Cuando leí esa carta, sentí realmente la presencia del misterio, me dieron escalofríos, advertí que se abría algo inexplicable." Me comentó que había leído muchísimas misivas sobre supuestos milagros, pero nunca, en cuatro años y medio, había sentido algo parecido. Corrió como una loca a la oficina de monseñor Oder, agitada y emocionada.

El postulador, al leer la carta, tuvo la misma reacción. Él también se dio cuenta en seguida de que era una misiva diferente —ésta llegó dos meses después de la apertura del proceso— de las que ya había leído. Era muy sintética y sencilla. No había ningún énfasis, ninguna exaltación, ni la menor sombra de protagonismo.

Le despertó interés la extraordinaria coincidencia de la enfermedad compartida por Juan Pablo II y la religiosa francesa, que la curación sucediera exactamente a los dos meses de la muerte del Papa y que se tratara de una mujer consagrada durante toda su vida al servicio de los recién nacidos, tema que ocupaba un lugar importantísimo en el corazón y el pensamiento del Pontífice.

Se pusieron inmediatamente en contacto con las Pequeñas Hermanas de la Maternidad y planearon su primera visita. Acabaron viajando en tres ocasiones a Francia para entrevistarse con la hermana Marie Simon Pierre y sus superioras. Tanto para monseñor Oder como para Michelle fueron encuentros bellísimos. En el instituto y en el hospital de maternidad en donde trabajaba la hermana Marie Simon Pierre se respiraba un enorme clima de paz. Todo reflejaba la enseñanza de Juan Pablo II sobre el respeto al hombre y la vida humana. Ahí a las madres se les acoge siempre con amor y la sonrisa en los labios.

Se da seguimiento a las mamás y a las familias durante el embarazo y después del nacimiento del niño. Cuando esto sucede, tocan una campana para avisar que ha llegado una nueva vida. Todas las monjas interrumpen sus labores y consagran al recién nacido a Dios. Ahí los niños no son números, son seres humanos.

No descubrieron en la comunidad ningún espíritu de protagonismo. Monseñor Oder me contó que, en esa visita, por primera vez en su vida se encontró frente a una señal clara de la intervención de Dios. Todas las religiosas vivieron la curación de su hermana con estupor, maravilladas por lo que es capaz de hacer Dios, pero, al mismo tiempo, con un sentimiento de normalidad, en el sentido de que los milagros son parte del diseño divino. Uno se queda sin aliento, me comentó monseñor Oder, pero entiende que lo extraordinario cabe en la "normalidad" si se mira desde el punto de vista de la fe.

En ese primer encuentro, la hermana Marie Simon Pierre parecía una joven adolescente, fresca, llena de vida, alegre y sencilla. No quería ser protagonista, pero se mostró totalmente dispuesta. Contestó cada una de las preguntas con enorme precisión, claridad y tranquilidad.

Para ella su curación era un gran misterio, pero la vivió como un milagro para la comunidad; no se sentía una privilegiada, sino un simple instrumento.

Marie Pierre, cuyo verdadero nombre es Céline Louisa Normand, nació el 27 de febrero de 1961, en un pequeño pueblo francés denominado Rumilly-en-Cambrésis. Fue la primera de cinco hijos. Su vocación religiosa surgió de su experiencia al servicio de los enfermos, en el curso de varios viajes a Lourdes. Fue ahí donde sintió una fuerte llamada a la vida consagrada y, al mismo tiempo, a ocuparse de todo lo que se refería a la vida y a la familia. En 1981, empezó a trabajar como enfermera y puericultora en el Hospital La Maternité Catholique de Cambrai, llevado por las monjas de las Pequeñas Hermanas de la Maternidad Católica, hacia cuyo carisma se sentía muy atraída. El 6 de agosto de 1985, tomó los votos en esa congregación.

La primera vez que advirtió un síntoma que años después entendió que era Parkinson fue en 1988, cuando notó el temblor de su mano izquierda, al momento de una prueba en el servicio de emergencias. Pensó que se debía a la emoción. En 1990, empezó a adelgazar y a sentirse cansada. Dos años más tarde, comenzó a trabajar con los recién nacidos del hospital, en la sección de neonatología. A partir de entonces y aun hasta el 2001, sus condiciones empeoraron paulatinamente: escribía cada día con mayor dificultad, se sentía muy agotada, tenía fuertes dolores en las piernas, empezó a no poder subir las escaleras, hasta que decidió consultar a un médico. Al principio creyó que tenía esclerosis en placas. Se veía ya en una silla de ruedas y eso le provocaba sentimientos de rebeldía y enojo, porque pensaba en todo lo que aún debía hacer por los niños prematuros y sus familias. Luego de varios estudios, los médicos coincidieron en que se trataba del mal de Parkinson.

Su situación empeoró visiblemente en marzo del 2005. El 8 de abril, día de los funerales de Juan Pablo II, la madre superiora, Marie Thomas, le informó a Marie Simon Pierre que había una propuesta para que todas las religiosas de la comunidad le rezaran al Papa recién fallecido para pedirle su curación. Al principio, sin embargo, por respeto a otras religiosas enfermas, sólo rezaron la novena las hermanas Marie Thomas, Marie Sophie y Marie Simon Pierre. Las condiciones de esta última se agravaron aún más: el cuerpo le dolía mucho, se le puso muy rígido y se le llegó a paralizar. Las religiosas decidieron rezar todas juntas. La madre Marie Simon Pierre consintió que lo hicieran, pero les dijo: "Acepto pero no por mí, sino para poder servir al instituto y a las familias".

La madre Marie Thomas escribió una oración a Juan Pablo II porque le llamaba la atención que la madre Marie Simon Pierre tuviera su misma enfermedad; además, el Papa era el apóstol de la familia y el carisma de la congregación era, precisamente, la defensa de la vida y la familia.

En la oración dirigida a Juan Pablo II, quien escribió: "si un día la enfermedad tuviera que invadir mi cerebro y acabar con mi lucidez, Señor, mi sumisión ya está frente a ti y continuará en una silenciosa adoración", le confiaban a la hermana Marie Simon Pierre y le pedían que la curara del mal de Parkinson por el servicio al instituto y la gloria de la Santísima Trinidad.

Además, la madre Marie Thomas, quien iba a Roma para la misa de apertura del pontificado de Benedicto XVI, le pidió a Marie Simon Pierre la pequeña cruz que llevaba al cuello para tocar con ella la tumba de Juan Pablo II. Así lo hizo, y, cuando se la devolvió, Marie Simon Pierre, sin pensarlo, la besó.

En los dos meses que siguieron a la muerte de Juan Pablo II, sus condiciones continuaron empeorando, hasta que el 2 de junio Marie Simon Pierre le rogó a la superiora que ya la eximiera del trabajo en el hospital. La madre Marie Thomas le pidió que resistiera todavía un poco: "Juan Pablo II aún no ha dicho su última palabra", le comentó.

Según el postulador de la causa, el que la religiosa padeciera Parkinson, como Juan Pablo II, no es una coincidencia, sino una señal de la Providencia, porque a través de su intercesión se curó una mujer dedicada a la vida. "Es una pieza más —me comentó monseñor Oder— del magnífico mosaico del evangelio de la vida, del que Juan Pablo II fue el gran promotor."

Luego de la curación milagrosa, las religiosas de la orden escribieron una oración de agradecimiento:

"Padre, desde la ventana de tu casa, Juan Pablo II nos ve y nos bendice. Que su sonrisa de humanidad revele a todos los hombres su santidad. En tu misericordia y por su intercesión has puesto la mirada en nuestro instituto, a través de la curación de la hermana Marie Simon Pierre... Si ésta es tu voluntad, que esta gracia de misericordia represente una pequeña piedra en la causa de beatificación de aquel que ofreció su enfermedad por la redención del mundo".

Las cartas escritas antes y después de la curación de la madre Marie Simon Pierre han sido estudiadas atentamente por una comisión de expertos en grafología, pues la escritura es un elemento muy importante para determinar la enfermedad del Parkinson. La monja también ha sido sometida a un análisis psiquiátrico. Fue un momento muy duro para ella, pero se mostró totalmente dispuesta a que el médico pudiera confirmar, desde un punto de vista científico, que no se había tratado, ni en la enfermedad ni en la curación, de un caso de histeria. El examen psiquiátrico evidenció una persona totalmente sana, lúcida, serena y equilibrada.

Después de que fueron aprobadas las virtudes heroicas de Juan Pablo II, en diciembre del 2009, el postulador de la causa presentó toda la documentación relativa a este milagro a la Congregación para la Doctrina de la Fe. En la primavera del 2010, trascendió que los diferentes medicos encargados de estudiar el milagro estaban divididos en cuanto a la evaluación del diágnostico inicial, según el cual la enfermedad que padecía la madre Marie Simon Pierre era Parkinson. De acuerdo con algunos de los especialistas, se trataría de un Parkinson atípico. Se decidió, por lo tanto, someter a nuevos exámenes a la religiosa francesa, que se ha recuperado completamente y goza de excelente salud. Los médicos de la congregación deberían reunirse en los próximos meses para emitir su decisión final. En caso positivo, el milagro será estudiado por los teólogos; después, se someterá a los obispos y cardenales de la Congregación para las Causas de los Santos, para el último voto. En caso de que todos reconozcan que se trató de una curación milagrosa debida a la intercesión de Juan Pablo II, la documentación llegará a la mesa del Papa para que tome la decisión final en cuanto a la beatificación de su predecesor. En caso negativo, el postulador presentará un nuevo supuesto milagro realizado por intercesión del Papa polaco.

Al momento de cerrar la edición de este libro, aún no se ha fijado la fecha de la reunión en la que los médicos deberán aprobar o rechazar este milagro.

Un milagro mexicano

Ana María Mondragón Alcocer tiene treinta y cinco años, está casada desde hace nueve y es madre de tres niñas de dos, cinco y siete años de edad.

En noviembre del 2007, se enteró de que tenía un tumor maligno, de 6 cm, en el cerebro. Ese día, su vida cambió: si bien para algunos seres cercanos inició una pesadilla, para ella principió un camino lleno de bendiciones en el cual pudo comprobar que los milagros existen.

Cuando le dieron la noticia, sólo tuvo un pensamiento: "Dios, necesito vivir, quiero educar a mis dos hijas, decirles que las amo y que entiendan el bien y el mal, y que Dios está presente en lo bueno y lo malo, y te da las fuerzas para luchar y no vencerte jamás".

Su hermana Alejandra le regaló una estampa con la oración "Jesús, yo confío en ti. Tú eres sabio y nunca te equivocas", que había rezado su padre, enfermo del corazón, hasta su muerte hacía ocho años.

Ana María decidió encomendarse a Juan Pablo II, porque él quería mucho a la Virgen de Guadalupe y a los mexicanos. Su familia, sus amigos y conocidos hicieron una cadena de oración pidiéndole todos los días a las 9 de la noche, con una novena, que Ana se curara del tumor. Además, le obsequiaron una estampa del Papa con una reliquia: un pedacito de su sotana blanca, con una oración especial para los enfermos. Asimismo, le enviaron un trozo de la sábana que él había utilizado para dormir en la nunciatura, en ocasión de una de sus visitas a México, y un solideo del Pontífice. y dos solideos, uno que le prestaban para rezar con él sobre su cabeza, y otro que le permitieron tener todos los días.

La mamá de un amigo de su esposo había donado las sábanas que pusieron en la cama del Papa, en la nunciatura apostólica, en su última visita a México en el 2002. Cuando ésta concluyó las quitaron, y así, sin lavarla, le devolvieron la sábana que cubrió el colchón. La conservó en su casa y al enterarse de la enfermedad de Ana, cortó un pedazo de aproximadamente 10 cm y se la hizo llegar al hospital el día 14 de noviembre de 2007. Desde entonces la trajo puesta todos los días durante aproximadamente dos años. Actualmente, Ana la conserva en su casa como lo que es: "una reliquia". Por lo que se refiere al primer solideo, se le ocurrió al suegro de una amiga de su cuñado. Compraron en Roma, con unas monjitas, el solideo que suele llevar el Papa, y gracias a la intercesión de un prelado en el Vaticano lo llevaron a una audiencia papal. Pudieron llegar hasta el Papa, al que le regalaron el solideo. El Papa se quitó el suyo y se los donó. Cabe mencionar que el solideo estuvo puesto en un relicario muy bonito, de madera, y un capelo, que el esposo de Ana abría todas las noches. "A las 9 me lo ponía en la cabeza y rezábamos, yo con él puesto; en cuanto lo sacaba me entraba una paz y una tranquilidad que se me salían las lagrimas".

El segundo solideo les llegó de un amigo sacerdote que se fue a vivir a Roma y se hizo amigo del secretario del Papa. Le comentó la historia de Ana y Juan Pablo II les envió un solideo suyo y una carta de aliento. El 19 de noviembre de 2007 se lo llevaron a su casa junto con la comunión, se lo pusieron en la cabeza y rezaron.

Luego de la tomografía, que evidenció el tumor del lado izquierdo del cerebro, la biopsia confirmó que se trataba de un tumor maligno. Cuando llegó el resultado de patología, los doctores le dieron el pésame a su hermano Héctor, quien es médico y había asistido a la intervención. Para algunos, tenía tres meses de vida; para otros, seis semanas. Le aconsejaron, por lo pronto, un ciclo de radiaciones que, sin decirle a ella como paciente, el neurólogo consideraba que únicamente eran un paliativo.

Pocos días después, Ana María se enteró de que estaba embarazada. La recomendación médica era: abortar para poder someterse a radiación, manejarlo como un aborto terapéutico; pero, a pesar de que el neurólogo hizo hincapié en que ese embarazo ya no era viable, primero porque ya había estado sometido a la radiación de los estudios previos a la cirugía y, segundo, a las cantidades de fuertes medicamentos que se le habían administrado, además de la anestesia. Desde su punto de vista, Ana ni siquiera tenía la certeza de que viviría lo suficiente como para que avanzara el embarazo. Para Ana y su marido, Rafa, el aborto nunca fue una opción. Decidieron seguir con el embarazo, porque ambos lo vieron como una señal, un regalo de Dios. "Yo me estaba marchitando —me dijo Ana—, pero tenía una vida dentro de mí, que me daba fuerza para luchar y seguir esta milagrosa historia."

Decidieron también recurrir a los especialistas del hospital M. D. Anderson, de Houston, especializado en oncología. Conseguir una cita "internacional" no iba a ser fácil; les advirtieron que podía llevar algo de tiempo. Cosa que Ana no tenía... Se encomendaron a Juan Pablo II para lograr una cita a la brevedad.

La consiguieron y los médicos les dijeron que lo que Ana necesitaba no eran radiaciones, sino una operación lo más pronto posible, porque estaba demostrado que con las hormonas del embarazo el tumor podría crecer de manera exponencial. Los doctores no dejaron de asombrarse por las buenas condiciones de Ana, quien, debido a ese tumor, ya no tendría que estar en posibilidad de razonar y hablar bien, ni de hacer cálculos o tener memoria.

La urgencia de la operación fue para ellos como un balde de agua fría. Se quedaron en Houston y se intensificó la cadena de oración a Juan Pablo II por la salud de Ana. A su alrededor, ella veía señales: la escuela de los hijos de su cuñada —en cuya casa se estaban quedando— se llamaba John Paul II; en el refrigerador había una foto suya; en la sala, un libro con la historia de su vida; en varias habitaciones, estampas con su rostro. Se convenció de que él estaba intercediendo por ella ante Dios.

Los médicos le sugirieron que sería mejor realizar la operación cuando el bebé tuviese por lo menos tres meses de gestación, porque entonces serían menores los riesgos para él.

El 12 de diciembre, después de una consulta, Ana y Rafa entraron en una iglesia y asistieron a la misa. En su homilía, el sacerdote habló de la Virgen de Guadalupe. Dijo que es nuestra Madre y que nos protege y acompaña en los momentos difíciles. Después, contó que él era un paciente del hospital M. D. Anderson, porque tenía cáncer en el cerebro, pero que siempre rezaba la oración "Jesús, yo confío en ti" y estaba seguro de que los milagros son posibles, porque la oración es muy poderosa. Al final de la misa, fueron a verlo para decirle que Ana padecía lo mismo y estaba embarazada. El sacerdote puso sus manos en la cabeza de ella, la apretó fuertemente y le dijo que Dios y la Virgen iban a cuidarla, así como a su bebé.

Llegó el día de la operación. Primero debían abrirle el cerebro; luego, despertarla de la anestesia, para mantenerla así durante la intervención haciéndole todo tipo de preguntas, y al final volverían a anestesiarla para cerrar. Los riesgos eran muy grandes, desde derrames y parálisis, hasta afasia e, incluso, la muerte. Como no podía haber ninguna duda sobre sus respuestas, se necesitaba un anestesiólogo que hablara español. Cuál fue su sorpresa cuando, al conocerlo, Ana vio a un hombre con un gran parecido a Juan Pablo II. El doctor David Z. Ferson era polaco, pero había vivido en Ecuador y posteriormente había emigrado a los Estados Unidos. Para ella se trató de una señal más, ya que en el hospital, no sabían que el doctor hablaba español. Antes de la operación, rezaron un rosario y la oración con la cual se pide la intercesión de Juan Pablo II.

La intervención fue larguísima, duró más de 11 horas, de las cuales Ana recuerda impulsos eléctricos, olor a quemado y las preguntas del anestesiólogo que le enseñaba tarjetas a las que debía poner un nombre, ya fueran animales, números u objetos.

Al final de la operación, Ana dice haber visto la imagen de Juan Pablo II sonriendo, con su báculo en la mano izquierda y, en la derecha, el anillo y el pulgar levantado; detrás de él, unos tulipanes rojos, como en la imagen de la estampa que le habían regalado con la reliquia. Después se vio en un lugar que conocía, pero no sabía dónde era. Ahí, en una pared blanca, estaba la Virgen de Guadalupe. Recorrió el pasillo y vio una imagen nívea que descendía por cuatro escalones. Mirando de abajo arriba, observó zapatos cafés, sotana blanca sin arruga alguna, faja almidonada, manos separadas del cuerpo, en el cuello un crucifijo que brillaba y, finalmente, el rostro del Papa, muy joven, como al principio de su pontificado. Él la miró, bajó el último escalón y dio vuelta a la izquierda por donde se veían pasillos eléctricos. Ana perdió la imagen, volvió la mirada a donde estaba la Virgen y sintió cómo se despedía de ella y se dirigía hacia donde había salido Juan Pablo II, pero ascendiendo. Ya no vio nada más. Al salir del quirófano y regresar a su habitación, Ana contó que había visto al Pontífice y a la Virgen de Guadalupe.

A Ana le quitaron 95 por ciento del tumor, y la operación no dejó secuelas; pudo seguir con el embarazo.

Al retornar a México, ella y su familia fueron a darle las gracias a la Virgen a su santuario, la Villa de Guadalupe, se tomaron una foto en el papamóvil con la imagen de Juan Pablo II y entraron por el lado de la capilla del

Santísimo. En ese momento, Ana se dio cuenta de que ahí estaba la imagen que había visto al salir de la cirugía, la pared blanca, los escalones, el andén eléctrico y luego la imagen de la Virgen en el ayate. En ese momento se sintió feliz, lloró mucho, porque una sensación de bienestar la invadió, dejándole la seguridad de que todo iría bien.

La historia de Ana se difundió en una página web denominada *La Verdad Católica*. Empezó a recibir correos de gente de todo el mundo que la apoyaba y ofrecía ayuda, así como oraciones, para ella y su bebé. Aun personas que reconocían no creer en Dios, o ser de otra religión, se manifestaban conmovidas por su historia y pedían por su recuperación.

Ana y Rafa Habían decidido que, en caso de que naciera un niño, lo llamarían Juan Pablo; de ser niña, Karola.

Se enteraron de que era una niña. El embarazo continuó sin sobresaltos, hasta que un día Ana se sintió mal. Fue al hospital y ahí su hermano, ginecólogo, le dijo que debía operarla ya, para que naciera la pequeña.

Después del parto, le comentó que no se explicaba cómo no había tenido contracciones, ya que la matriz estaba a punto de romperse, lo que, de haber sucedido, hubiera sido muy peligroso. Para toda la familia, fue una señal más de la mano de Dios.

Karola, a pesar de todo, nació perfectamente sana. Cuando la pusieron en sus brazos, Ana vivió un momento mágico. Le dio las gracias a su hija por haber llegado, por haberle permitido darle la vida.

Al mes, Ana, su marido y Karola viajaron a Houston para empezar las radiaciones. Milagrosamente, lo que había quedado del tumor no había crecido. Los médicos estaban muy sorprendidos y comentaron que cuando le permitieron volver a casa para seguir con el embarazo y aplazar la radioterapia, no sabían cómo iba a reaccionar el tumor, pues era uno de los más peligrosos. Ellos también llegaron a la conclusión de que "en el cielo había alguien que les sonreía".

La radioterapia, aplicada durante 6 semanas, fue muy dura y Ana pasó por momentos difíciles. Salió de ello y le mandaron 12 ciclos de quimioterapia de 5 días cada 28 días. Luego de los primeros 9 ciclos, el tumor había quedado reducido al tamaño de un frijolito; 3 meses después, había desaparecido.

Ana y su familia están convencidos de que este milagro de vida se lo deben a Juan Pablo II, "el primer Papa que conocí", me dijo. "El Papa que llevó por el mundo la palabra de Dios con inteligencia, carisma, caridad, humildad y amor; la persona que se ganó el respeto de todos: políticos, religiosos, niños, jóvenes y adultos de todo el mundo. Él fue el Papa que, cada vez que venía a México, me emocionaba, largas horas de espera hicimos mi familia y yo para encontrar un lugar para verlo, ya fuera en la calle en la nunciatura o en alguno de sus recorridos. Él me hacía llorar con sus mensajes. A él le pedí la intercesión para que me concediera un milagro. Él lo hizo al permitir que naciera Karola y que yo no muriera. Podríamos decir que son dos milagros, ella y yo, o quizá tres, porque sé que mi historia es muestra del poder de la oración, y de que no importa quién sea ni qué haga, o dónde viva, lo importantes es creer, mantener la fe, la lucha, y tratar de encontrar un aspecto positivo de todo lo que vivimos. ¡Los milagros están ahí! La ciencia es una herramienta de vida, pero no está por encima de la voluntad de Dios. Por supuesto, no es que me encantará estar enferma o padecer todo cuanto padecimos, pero sé que he aprendido mucho, que he recibido muestras de apoyo y amor que me han conmovido hasta lo más hondo de mi alma y que no me cansaré de decir: gracias, Dios; Juan Pablo, gracias por escuchar, gracias porque Karola está viva y sana, gracias por permitirme ver y escuchar las sonrisas y las carcajadas de mis hijas, gracias por mi esposo, que en todo momento ha estado conmigo, y que ha sido un gran soporte y apoyo en mi vida".

Otros milagros mexicanos

A continuación transcribo algunos testimonio de fieles mexicanos que reportaron a la oficina del postulador haber recibido la la gracia de dios por intercesion de Juan Pablo II.

Somos una familia mexicana. Amamos profundamente a nuestro Papa Juan Pablo II y, como todo el mundo, nos entristecimos cuando partió al cielo.

Nuestro testimonio es el siguiente: el 3 de octubre de 2005 mi hermano José Antonio y su esposa, Katia, estaban esperando su primer bebé. Todo el embarazo (seis meses) había transcurrido normalmente, pero el sábado 2 de julio por la noche mi cuñada presentó un inesperado sangrado que la obligó a la hospitalización. Tenía un severo cuadro de preeclampsia que ponía en riesgo su vida y la del bebé. Los médicos debían realizar una cesárea para librar a la madre del peligro de muerte, pues había muy pocas probabilidades de que el bebé se salvara. Yo le pedí a Juan Pablo II que intercediera por los dos y, si era la voluntad de Dios, que ambos se salvaran y yo daría testimonio de este hecho.

Se realizó la intervención quirúrgica, de la que, gracias a Dios, ambos sobrevivieron. El neonatólogo dijo que el bebito pesaba 800 g y medía 35 cm; así pues, debíamos rezar para que se salvara y no sufriera daños neurológicos. A los dos días, el minúsculo bebé respiraba por sí mismo. De todas formas, se le bautizó de emergencia con el nombre de José Eduardo.

Unas dos semanas más tarde, nos dieron un pronóstico favorable, lo retiraron de los cuidados de terapia intensiva y lo registraron. La semana pasada lo sacaron de la incubadora; ya está en una cunita normal y pesa 1.6 kg. En el hospital dicen que, de los niños más pequeñitos nacidos ahí, es de los que han logrado sobrevivir.

Todavía le falta sortear algunos obstáculos, pero, indudablemente, Dios ha querido que José Eduardo viva y dé testimonio del amor, de la intercesión y de la presencia de Juan Pablo II.

Virginia Granados

Tengo 39 años, 9 de casada y 3 hijos: un niño de 8 años y unas gemelas de 3 meses. El motivo por el cual escribo es para agradecer a Juan Pablo II el favor tan grande recibido durante mi embarazo. El primer bebé lo perdí por un aborto espontáneo; con mi segundo hijo, hoy de 8 años, tuve muchos problemas: preeclampsia en un grado muy alto, mis riñones filtraban sangre, la presión pasaba de 300 y en la cesárea tuve un paro respiratorio. Por todo esto, tenía mucho miedo de procrear otro hijo, pero Dios me lo mandó y fue una alegría muy grande; y mayor, cuando nos dijeron que eran dos. El médico comentó que, por todos los antecedentes, y por ser dos, difícilmente lograría terminar el embarazo. Todo estuvo bien, hasta que en la semana 14 de gestación tuve una amenaza de aborto muy fuerte, el sangrado no cesaba y todos nos pusimos muy tristes, porque no queríamos perder esos bebés. Fue cuando me encomendé a Juan Pablo II, y después de tres semanas de mucho sangrado y dolor, al día siguiente de pedirle ayuda, el sangrado desapareció, al igual que el dolor. Esto sucedió el 14 de marzo de 2006, y el médico dijo que no sabía cómo lo había hecho, pero el peligro había pasado y los bebés estaban muy bien. Durante el resto del embarazo, no tuve ningún problema. Mis hijas nacieron el 11 de agosto de 2006, sin complicaciones.

Doy gracias al Papa Juan Pablo II por su ayuda y la gran dicha que trajo a la familia con el nacimiento de esos nuevos seres que, espero en Dios y el Papa, no me las deje de su mano, ya que son hijas suyas por tan inmenso favor. Gracias al Papa Juan Pablo II, ahora tengo una gran familia y, lo mejor de todo, él tiene a dos nuevas devotas.

Elva

Gracias al milagro de Juan Pablo II, hoy tengo un bebé, de ocho meses, que lleva su nombre. Cuando decidimos tener un hijo, nos sometimos a diversos estudios con el fin de saber si todo estaba en orden; los resultados decían que tenía el útero septado y síndrome de anticuerpos antifosfolípidos. Estuve casi un año y medio con un tratamiento que consistía en inyecciones de eparina para poder controlar el nivel del síndrome, con el objetivo de asegurar el embarazo. Pero nos dijeron que el útero septado dificultaba la posibilidad de quedar encinta. Al final del tratamiento, quedé embarazada, pero tuve todo tipo de problemas desde el segundo mes de gestación: desprendimiento de placenta de 40 por ciento, placenta previa, útero septado, contracciones uterinas durante todo el embarazo, salmonela, infección urinaria y vaginal, y existencia de un mioma. Tuve que guardar seis meses de absoluto reposo. El doctor me dijo que tenía 80 por ciento de posibilidades de perder a mi bebé. Empecé a llevar una imagen de Juan Pablo II conmigo, y cada noche le pedía que me hiciera el milagro de ver nacer a mi hijo. Así fue como nació mi Juan Pablo.
Tania T. E.

Un milagro en mi familia fue el nacimiento de mi primita. Mi tía no podía tener niños y fue a visitar a un doctor que le dijo que un problema le impedía quedar embarazada. Le recetó un tratamiento muy caro que, por motivos económicos, no pudo comprar. Pero, gracias a Dios, quedó embarazada. Todo era alegría, hasta que le detectaron placenta previa, y tanto mi tía como mi prima corrían el riesgo de perder la vida. Fue entonces cuando le dije que se encomendara a Juan Pablo II, para que todo saliera bien y en honor al Papa le pusiera su nombre al bebé. A la hora del parto, mi tía se puso grave, pero gracias a Dios todo salió bien. Mi primita, aunque es bebé, sabe que el Papa la ayudó a nacer y le llaman la atención las imágenes de Juan Pablo II.

Esteban Eduardo García

Les escribo para comunicarles nuestra gran alegría. En enero del 2006, visitamos la tumba de Juan Pablo II, nuestro Papa, quien nos ayudó a crecer, nos llamó junto a millones de otros jóvenes a vivir las Jornadas Mundiales de la Juventud y con su ejemplo nos enseñó el gran valor de la vida. Fuimos a él para pedirle la gracia de un hijo que no llegaba después de cinco años de matrimonio. Para nuestra gran alegría, en enero del 2007 descubrimos que esperábamos un niño, y después de un maravilloso embarazo, el 12 de septiembre, festividad del nombre de María, nació nuestro hermoso hijo, a quien llamamos Emanuel María Karol. Deseamos agradecer públicamente a Juan Pablo II esta gracia de haber sido nuestro intercesor y por habernos regalado el don más bello que tanto habíamos deseado.

Deborah, Mateo y el pequeño Emanuel

El día que murió Juan Pablo II, en un canal de televisión vi a una amiga que vive en Nueva York que comentaba haber recibido de Juan Pablo II, en su última visita a México, el milagro de que su hija con problemas para embarazarse lo lograra y diera a luz a una niña que se llama Carol Georgina. A partir de esa noche empecé a rezarle a Juan Pablo II: "Juan Pablo bendito, la petición de aquella amiga a la que le hiciste el milagro era sencilla, porque su hija llevaba dos años de casada. Yo te la pongo más difícil, porque mi hija lleva 14 años de casada y nunca ha quedado embarazada".

Yo ya le había hecho varias novenas a la Virgen de la Encarnación, de marzo a diciembre, y mi hija me respondía siempre: "Ella dirá si me manda un hijo". Yo empecé a hablar con Juan Pablo II y le pedía: "Así como la Santísima Virgen te tiene en su regazo, así quiero yo ver a mi hija, con un niño en los brazos". El 31 de marzo de 2006 mi hija se hizo las pruebas de embarazo y tuvo un resultado positivo. Nos dio una dicha que no nos cabe en el pecho. Sentimos un agradecimiento eterno porque gracias a Juan Pablo II se hizo realidad nuestro anhelo.
Leticia. Celaya, Guanajuato

Me llamo Toña. Tengo una amiga, Mónica, casada desde hace cinco años, que no había logrado embarazarse. Le platiqué de Juan Pablo II y le propuse que le rezáramos juntas con perseverancia y constancia. Así lo hicimos durante tres meses. Al cabo de ese tiempo, me anunció que estaba embarazada. Ambas estamos seguras de que intervino la mano de Juan Pablo II.
Toña Hernández. Estado de Morelos

Mi nombre es Martha, tengo 25 años y vivo en la ciudad de México. Terminé mi carrera universitaria en el

2002 y no lograba encontrar trabajo. Seguí con mi familia los últimos instantes de la vida del Papa, a través de la televisión, hasta que, desgraciadamente, falleció. Para mí fue un golpe muy fuerte. Le pedí que me ayudara a encontrar mi camino profesional y me diera una oportunidad. Tres días después de su muerte, me llamaron de una empresa en la que había dejado mis papeles y, para mi sorpresa, me dieron el trabajo de inmediato.

Le doy gracias a Dios y al Santo Padre porque hoy tengo un trabajo digno y me encontré con gente buena. Gracias, Juan Pablo II, siempre estaré agradecida con Dios por haberlo conocido en vida y haberlo visto en las visitas que hiciera a mi país. Pero, sobre todo, porque me enseñó a no tener miedo y a seguir luchando por lo que uno cree.
Martha Valles. México, D. F.

En abril del 2005, mi marido se quedó sin trabajo de la noche a la mañana. Yo, con mucha devoción, le pedí a Juan Pablo II que lo ayudara, porque tenemos 3 hijas, de 17, 15 y 7 años de edad. El 7 de mayo, mi marido recibió una llamada en la que le pedían su currículum y lo citaron el primero de junio para darle el trabajo en el que todavía sigue. Todo es gracias a las oraciones a Juan Pablo II. Yo lo siento muy cerca de mí cada día y él me alienta a seguir adelante en todo. Me vuelvo a verlo y es un ser que me da paz interior. Ojalá pronto puedan canonizarlo, pues es mi santo al que le pido diariamente, y siento que me escucha.
Carmen Alicia. León, Guanajuato

Uno de mis sobrinos, de 48 años de edad, se vio muy grave el año pasado al presentar un infarto agudo del miocardio que lo mantuvo en cuidados intensivos durante una semana y varias más en hospitalización, para después pasar a estudios que diagnosticaron obstrucción de tres ramas de las coronarias con muy mal pronóstico, por presentar además diabetes, hipertensión arterial, obesidad y aumento del ácido úrico en la sangre. Se programó una intervención quirúrgica de revascularización cardiaca, que se pospuso tres veces por diferentes razones. En la última ocasión, mi sobrino me pidió algo para leer y yo le llevé una revista en cuya portada estaba una foto de Juan Pablo II, quien acababa de fallecer. Mi sobrino, que decía ser ateo, colocó la foto encima de su cabecera. Entonces decidí pedirle al Papa que intercediera ante Nuestro Señor para que pudieran operarlo. Dos semanas más tarde, fue operado y los resultados, para sorpresa de los médicos, fueron espectaculares. Le doy gracias a Juan Pablo II por su intercesión y a Dios Nuestro Señor por su infinita misericordia, y ahora les pido la conversión de mi sobrino para que su curación sea completa.

Irma Hidalgo

El 14 de abril de 2005, estando para dar a luz una hija mía, tuvieron que operarla de emergencia porque su parto se encontraba complicado y la niña ya había obrado dentro de ella. Después de haber dado a luz, ella entró en estado de coma debido a que la operación había sido muy complicada y había perdido mucha sangre, por lo que fue trasladada de inmediato a terapia intensiva. Estuvo siete días en coma y en dos ocasiones fue abierta y cerrada su herida, ya que, por una infección, no lograban cerrarla definitivamente. Los médicos decidieron dejarla abierta hasta que la infección cediera, pero esto era imposible, porque su cuerpo rechazaba la sangre que le ponían. Después de esto, los doctores declararon que ya no podían hacer nada y ella perdería la vida. Debido a esto, ya se habían tomado medidas para su ataúd. Pero faltaba la última palabra: la de Dios. Él quiso que todavía viviera para sus hijas, y así fue.

Cuando me enteré de la situación (mi hija estaba en los Estados Unidos, mientras yo estaba en México), le pedí a Juan Pablo II, con todo el corazón, el milagro de que mi hija volviera a la vida. En ese mismo momento, cuando le comentaba a uno de mis hijos que no tenía ninguna imagen del Papa, tuve una sorpresa inesperada: apareció una estampa de Juan Pablo II junto a una fotografía de mi hija enferma. Pienso que esto pasó para confirmarme que él estaba con nosotros en esta pena y me concedería lo que le estaba pidiendo. Ese mismo día, supe que mi hija volvía a la vida, y cuando llegué a los Estados Unidos, ya abría los ojos y comenzaba a hablar. Para el 12 de mayo, se encontraba muy bien y su herida estaba sanando. Ahora está en su casa, recuperándose. Gracias a Dios y a Juan Pablo II, que a mí, sin merecerlo, me concedió lo que le pedí. Ahora me toca a mí rogar por su pronta canonización, aunque en vida ya era considerado un santo.

Teresa Santillán Ávila

Juan Pablo II me regaló el milagro de sentirme bien y, en agradecimiento, me brotaron unas palabras que dicen así:

Juan Pablo II, de Dios fuiste elegido, agradezco el favor que de ti he recibido. En un instante supremo, mi malestar se esfumó, alabo y reconozco la grandeza de Dios.

Tú, que has recibido de Dios especial gracia, que abunde en los hogares salud, paz y esperanza.

María de los Ángeles. Ciudad Victoria, Tamaulipas

El caso Maciel y la beatificación de Juan Pablo II

El proceso para la causa de beatificación estuvo abierto al estudio de muchísimos temas, incluso controvertidos, entre ellos el caso Maciel. No fue uno de los principales que se trataron, pero sí fue analizado por la comisión histórica.

Si bien ninguno de los testimonios escuchados durante el proceso de beatificación expresó dudas acerca de la santidad personal de Juan Pablo II, en honor a la plena transparencia del proceso el cardenal José Saraiva Martins, prefecto de la Congregación para las Causas de los Santos, envió una carta a la Congregación para la Doctrina de la Fe en que le preguntaba explícitamente su homólogo, el cardenal William Levada, sucesor del cardenal Ratzinger, cuál fue el "involucramiento personal" de Juan Pablo II en el proceso en contra del padre Maciel. La respuesta se encuentra en el volumen secreto, pero éste trascendió, e incluso antes de que Andrea Tornielli lo publicara en el diario *Il Giornale*, me lo confirmó el padre Federico Lombardi, director de la sala de prensa de la Santa Sede: me expuso que el cardenal Levada afirmó que "no consta ningún involucramiento personal del Siervo de Dios en el procedimiento en contra del fundador de la Legión".

El portavoz vaticano subrayó la importancia del documento procedente de la máxima autoridad de la Congregación para la Doctrina de la Fe. Es la voz y la opinión con mayor autoridad sobre el tema, puesto que pudo tener acceso a los archivos de la congregación, cerrados para todos los demás. Es muy verosímil que de alguna manera el cardenal Levada, antes de responder, haya tocado este tema con el Papa Benedicto XVI, la persona mejor enterada del caso. Esta carta, como otra respuesta sobre las medidas adoptadas entre el 2001 y el 2002 para hacer frente a los escándalos de pedofilia en los Estados Unidos, fueron analizados por los obispos, cardenales y teólogos que tuvieron que votar a favor o en contra del ejercicio heroico de las virtudes por parte de Juan Pablo II.

El día de la reunión de los obispos y cardenales nadie dejó de dar su voto a favor de la santidad del Papa, lo que significa que en esa ocasión el caso Maciel no influyó. Ninguna de las diversas relaciones de teólogos, obispos y cardenales manifiesta encubrimiento alguno hecho por Juan Pablo II, sino la influencia que eventualmente tuvieron los principales colaboradores del Papa en el manejo de algunas situaciones.

Se evidenció que, por su formación y procedencia, Juan Pablo II siempre había desconfiado de los expedientes con acusaciones en contra de sacerdotes, porque durante el régimen comunista en Polonia se realizaban con dolo para desacreditar y chantajear al clero con denuncias sobre sus comportamientos sexuales. Desde un punto de vista psicológico, el portavoz Joaquín Navarro Valls recordó que una de las características humanas del Papa era creer, hasta que hubiese prueba contraria, en la inocencia de las personas. Tenía una idea muy alta del sacerdocio, y su vida transparente y coherente lo hacía descartar a priori la posibilidad del engaño y del cinismo llevados hasta sus más altas consecuencias. Siempre decía que las personas se juzgan por sus frutos y, en el caso de Maciel, los frutos eran buenos. Según su portavoz, Juan Pablo II era una persona demasiado buena y a veces, "si la bondad no se apoya en la razón, puede inducir a cometer errores". ❦

Navarro Valls me comentó que, de haber tenido alguna duda, el Papa habría hablado con él del asunto. Siempre lo hacía cuando había que enfrentar un caso delicado y establecer una estrategia de comunicación. Me aseguró que el tema nunca fue tocado.

Según el postulador de la causa, es impensable aceptar la idea de que Juan Pablo II encubrió a personas que cometieron abusos o injusticias, porque durante toda su vida, al tener pleno conocimiento de una situación, reaccionaba de inmediato y era, como se suele decir, de "armas tomar": por lo que no se iba a andar con rodeos.

Durante la causa, además, salió a relucir un tema del que se había hecho eco la prensa internacional desde el 2002 y que Giacomo Galeazzi y Francesco Grignotti retomaron en su libro *Wanda y Karol*, en la primavera del 2010, que confirma este aspecto del carácter de Juan Pablo II.

Se trata del caso de monseñor Juliusz Paetz, que había sido ayudante de Juan Pablo II en la Cámara Apostólica de 1978 a 1982. Después de haber trabajado para el Papa en el Vaticano, monseñor Paetz volvió a Polonia como obispo de Lomsa. El Papa lo nombró más tarde arzobispo de Poznan. Pasados unos años, algunos sacerdotes le escribieron una carta a Juan Pablo II para denunciar que durante los años del seminario habían sido víctimas de "atenciones" por parte del arzobispo. Esa carta nunca llegó a la mesa de Juan Pablo II. Alguien la interceptó, ya sea para proteger a Paetz o, sencillamente, porque lo creía inocente. El caso es que al darse cuenta de que el Papa no tenía conocimiento del caso, los sacerdotes recurrieron a una de las personas no solamente más cercanas a él sino, sobre todo —hecho absolutamente fundamental—, que tenía un acceso directo a él. Se trataba de Wanda Poltawskja, la amiga con la que Juan Pablo II mantuvo una relación y una correspondencia durante más de 50 años.

Ella viajó al Vaticano y le entregó personalmente, en sus propias manos, una carta del rector del seminario que confirmaba las acusaciones de los sacerdotes y pedía la intervención del Papa. Juan Pablo II, debidamente informado, reaccionó sin titubeos. En marzo del 2002, el arzobispo, que sigue declarándose inocente, se vio obligado a presentarle su renuncia al Papa.

Las primeras acusaciones contra Maciel aparecieron el 23 de febrero de 1997 en el diario de Connecticut *The Hartford Courant*, en una nota firmada por Jason Berry y

Gerald Renner. En los Estados Unidos aún no había estallado el escándalo de pedofilia.

Las denuncias de ocho legionarios —el delito por el que lo acusaban es uno de los más graves para la Iglesia católica y, por su misma gravedad, no prescribe— llegaron finalmente a la Congregación para la Doctrina de la Fe, encabezada por el cardenal Joseph Ratzinger, en 1998. Se solicitaba un proceso canónico por absolución del cómplice en la confesión. El expediente, titulado "Absolutionis complicis. Arturo Jurado *et alii*. Rev. Marcial Maciel Degollado", se le entregó al subsecretario de la Congregación, el padre Gianfranco Girotti.

El gran interrogante es: qué sucede a partir de este momento. La respuesta es dramáticamente sencilla: nada. Nadie, en esos años, cree ni una sola palabra de los ocho acusadores del padre Maciel, quien goza de un enorme prestigio dentro y fuera del Vaticano. Al reducido número de personas que sí creen en la veracidad de las acusaciones —entre ellas monseñor Mullor, nuncio en México del 2 de abril de 1997 al 11 de febrero del 2000—, se les contesta que "es absurdo" darles crédito (se las califica de ridículas), sobre todo contra un hombre cuya obra está a la vista de todos.

Sandro Magister es el primer periodista italiano que se hizo eco de las imputaciones y siguió de cerca el caso Maciel desde el principio. De hecho, a la fecha sigue la evolución del estado de la Legión, tanto en la revista *Espresso* como en su blog, *Settimo cielo*, tras la decisión de Benedicto XVI de nombrar primero cinco visitadores y luego un comisario papal para salvar lo que reste de la congregación mexicana.

En el curso de una larga conversación, revivimos esos años. El periodista que se ha distinguido por sus críticas no sólo a Maciel sino también a la actual cúpula de la Legión —la cual, en su opinión, no podía ignorar la doble y triple vida de su fundador— recuerda que, a finales de los años noventa, Maciel era una persona intocable incluso por encima de cualquier sospecha. Contaba con el aprecio de Juan Pablo II y, sobre todo, de sus principales colaboradores, entre ellos el cardenal Angelo Sodano, secretario de Estado de la Santa Sede, y el secretario personal del Pontífice, el ahora cardenal Dziwiz. Se solía recordar que Maciel había sido acusado en los años cincuenta y que al final de las investigaciones, en 1959, había sido absuelto y reintegrado. También había causado impacto el que Maciel afirmara públicamente su inocencia. En diferentes comunicados, rechazó haber tenido "el tipo de comportamiento abominable del cual me acusan estas personas, y no hay nada que pueda ser más ajeno a mi manera de tratar a las personas, como consta a los miles de legionarios que me conocen". Con un cinismo que no le abandonaría nunca, afirmaba que, a pesar del "sufrimiento moral que las acusaciones le causaron", no iría contra ellos; al contrario, ofrecería su sufrimiento y sus oraciones por ellos. En una carta enviada al diario *The Hartford Courant*, el primero en publicar las acusaciones, manifestó la esperanza de que "los acusadores pudieran recobrar la paz de su alma y alejar de sus corazones todos los resentimientos que les llevaron a hacer esas falsas acusaciones".

Recuerdo perfectamente que al final de los años noventa le pregunté al que todavía no era director de los legionarios, sino rector de su centro de estudios, el padre Álvaro Corcuera, si Juan Pablo II estaba enterado de las acusaciones contra Maciel. Me comentó, por un lado, que le habían dicho la verdad, "con mucho tacto, para no hacerlo sufrir"; esa verdad era que "se trataba de un complot contra el padre Maciel y contra [el propio Papa] para atacar a la obra y a toda la Iglesia", y, por el otro, "que el padre Maciel le había asegurado y jurado ante Dios que se trataba de acusaciones falsas". En la entrevista que me concediera tras el comunicado del 25 de marzo de 2010, en el que por primera vez la Legión reconocía que Maciel había cometido abusos sexuales contra menores de edad y en el que pedía perdón a las víctimas por haber ignorado sus acusaciones, le pregunté al padre Corcuera si se puede afirmar que Juan Pablo II fue una víctima más del padre Maciel, a quien engañó, como a los miembros de la Legión, sus esposas, sus hijos y sus benefactores. El padre Corcuera reconoció que de alguna manera así fue, porque "Juan Pablo II sólo conoció la cara buena del padre Maciel". 🔊

"Yo creo, Valentina, que tú conociste a Juan Pablo II posiblemente mejor que yo —me dijo—. Los que lo conocimos estamos absolutamente seguros de que no lo encubrió en lo más mínimo. Tú conocías la integridad de Juan Pablo II, su amor a la verdad, el respeto y la lucha por los derechos del hombre, por la dignidad del hombre, la coherencia, la sinceridad de vida, su santidad de vida... es simplemente impensable que él haya encubierto. Ésta es mi opinión, estoy seguro. Él sólo conoció la cara buena con la que se presentaba, [...] sus obras. Cuando lo conoció con motivo de su primer viaje a México, en 1979, y le pidió ayuda para la organización de la visita, ya que todo era complicado (no había relaciones diplomáticas entre los Estados), el Papa vio cómo el padre Maciel se esmeró por que su viaje saliera bien. Eso me tocó presenciarlo. El

Papa vio esa faceta, vio todo lo que hizo, luego nos vio en Roma, veía las obras que aquí teníamos."

Ante la insistencia acerca de si Maciel engañó a Juan Pablo II, Álvaro Corcuera acabó diciendo: "No sabría decirte, sinceramente; creo que Maciel simplemente no quiso presentar la otra faceta, puede ser que lo haya engañado, es lógico; lo cierto es que Juan Pablo II sólo conoció la faceta buena de la vida del padre Maciel".

El que no tiene ningua duda acerca del engaño perpetuado por Maciel es Joaquín Navarro Valls: "No sólo engañó al Papa sino que además lo utilizó con un cinismo impresionante. Me consta que juró ante Dios, en sus encuentros que las acusaciones eran absolutamente falsas. Era un sacerdote, el fundador de una congregación llena de vocaciones. Ante un juramento así —me dijo Navarro Valls— no hay Papa que le meta mano".

Desde antes de que se conociera la doble y triple vida de Marcial Maciel, así como lo que sucedió después de su muerte y de la de Juan Pablo II, le pregunté a un sinnúmero de personas, dentro y fuera del Vaticano, si en su opinión Juan Pablo II conocía la verdadera cara del fundador de la Legión. Hice la pregunta a quienes, por su participación en la causa de beatificación o en la reestructuración de la Legión, habían tenido la posibilidad de escuchar testimonios de todo tipo, incluidos legionarios, ex legionarios, miembros del *Regnum Christi*, benefactores o familiares. Siempre he obtenido la misma respuesta. "No hemos encontrado a nadie que pueda afirmar: yo le dije a Juan Pablo y no me hizo caso".

También los periodistas Paolo Rodari y Andrea Tornielli, dos de los más acreditados vaticanistas, en su reciente libro *Ataque a Ratzinger*, publicado en septiembre del 2010, comparten la tesis de que no hay ninguna prueba de que las cartas con las denuncias de los acusadores de Maciel hayan llegado en algún momento a la mesa de Juan Pablo II. Ambos autores sí se refieren a la relación entre el fundador de los legionarios y los colaboradores del Papa, y afirman, por ejemplo, que el cardenal Sodano intervino para que la congregación obtuviera los terrenos para construir el ateneo pontificio Regina Apostolorum.

En abril del 2010, en efecto, el periodista Jason Berry, quien en 1997 había publicado por primera vez las acusaciones contra Maciel, escribió dos artículos sobre el caso Maciel en los que denunciaba las complicidades con las que contó el prelado al interior de la curia. De acuerdo con varias fuentes escuchadas por el National Catholic Report (NCR) —cuya investigación fue realizada a partir de julio del 2009 a través de decenas de entrevistas en Roma, la Ciudad de México y varias ciudades estadounidenses—, "el carismático mexicano envió un flujo constante de dinero a representantes de la curia romana" con un propósito claro: Maciel compraba el apoyo para su congregación y, en caso de que saliera a flote su asombrosa vida secreta, para su defensa. Según el padre Stephen Fichter, sociólogo y ex legionario entrevistado por el NCR, "Maciel era un experto artista del engaño, que habría utilizado cualquier medio con tal de alcanzar su fin, aunque esto significara mentirle al Papa o a cualquier cardenal en Roma".

Desde 1998 hasta 2004, según Jason Berry, el padre Maciel contó en el Vaticano con el apoyo leal de tres figuras claves: el cardenal Angelo Sodano, secretario de Estado de la Santa Sede; el cardenal Eduardo Martínez Somalo, prefecto de la Congregación para los Institutos de la Vida Consagrada y Sociedades de la Vida Apostólica, y monseñor Stanislao Dziwisz, secretario de Juan Pablo II. La reconstrucción hecha por el NCR en esos años revela que el cardenal Sodano presionó al cardenal Ratzinger para que no investigara a Maciel. De hecho, en su momento se manejó que el cardenal Ratzinger le habría dicho al obispo mexicano Carlos Talavera que se trataba de un caso delicado, y que no era prudente realizar esa investigación, teniendo en cuenta el bien que la Legión representaba para la Iglesia.

Según ex legionarios que declararon durante esta investigación, el padre Maciel se dedicó a hacer donativos a los tres colaboradores del Papa y a su secretario, incluso para que hiciera participar a familias amigas en la misa privada del Papa a las 7 de la mañana.

A mí, en lo personal, me tocó varias veces pedirle a monseñor Dziwisz que me permitiera llevar a alguna familia mexicana a esa misa, pero en honor a la verdad nunca nadie nos pidió un donativo.

En mayo del 2007, dos años después de la muerte de Juan Pablo II, algunos medios, entre ellos los diarios *Glos Wielkopolski*, polaco, y *La Stampa*, italiano, acusaron al ya cardenal Dziwisz de haber ocultado —y, por lo tanto, de no haber transmitido al Papa— diversos expedientes sobre abusos, entre ellos el del padre Maciel y el del arzobispo de Poznan, monseñor Paetz. El sitio *Regain*, creado por ex legionarios, se hizo eco de estas informaciones en una nota titulada "El cancerbero del Papa", en el que llegan a la misma conclusión de los que votaron a favor de la beatificación de Juan Pablo II. Según esa reconstrucción, un sacerdote mexicano, y abogado del derecho canónico, Antonio Ornelas, informó a Dziwisz, en polaco con el fin de evitar malentendidos, de los cargos contra Marcial Maciel; sin embargo, es casi seguro que el Papa Juan Pablo II nunca haya sido informado. De haberlo sido, hubiera dado los pasos necesarios para abrir una investigación, tal y como sucedió con el caso Paetz. Testimonios personales de miembros de *Regain* dan fe del hecho de que Stanislao Dziwisz, el cancerbero —o guardián de la puerta—, pudo, y de hecho hizo, mantener la puerta firmemente cerrada a todo tipo de información crítica relacionada con Maciel. Es el caso del testimonio de José Barba Martín, quien comprobó en persona cómo los protocolos de acceso al Papa dejaban de funcionar en el caso Maciel:

"El abogado canonista D. Antonio Roqueñí y yo enviamos una carta en polaco al entonces monseñor Dziwisz en noviembre del 2002, pidiendo que tomaran cartas en el asunto en el caso Maciel. La carta fue firmada por D. Antonio, Arturo Jurado y yo mismo. Yo también introduje copia de la carta en español dirigida al entonces cardenal Ratzinger, junto con una nota en latín. Iba anexa una certificación de recibo, con dirección en la Ciudad de México, y dos teléfonos de contacto en Roma. Violando los acuerdos internacionales firmados por el Vaticano, en la oficina postal del Vaticano se negaron a darme un recibo. Como alternativa, acudí a la oficina postal italiana, quienes sí me dieron ese recibo, aunque todavía estoy esperando el recibo firmado, que justifica la recepción de la carta por parte del Palacio Pontificio".

Los mismos ex legionarios se preguntan el motivo del comportamiento del secretario del Papa; a lo mejor, dicen, actuó de esta manera en nombre de la caridad, para no comprometer al Papa, evitar de ese modo un escándalo público y mantener la imagen íntegra de la institución. Según el sitio *Regain*, curiosamente el modo en que Juan Pablo II se enteró de las denuncias contra Maciel fue el mismo con el que supo del caso Paetz, es decir, por medio de su amiga Wanda Poltawska. Sacerdotes que estaban al corriente del caso Maciel se enteraron de que ella cenaba ocasionalmente con el Papa, y le confiaron la delicada misión de que le pasara aquella información que previamente había sido bloqueada. De este modo, el caso Maciel fue discretamente abierto. Intenté contactar a Wanda Poltawska para confirmar esta versión de *Regain*, pero no obtuve respuesta de su parte.

En mi calidad de periodista, me tocó cubrir los consistorios en los que personalidades como Leonardo Sandri, Angelo Sodano o Stanislao Dziwisz fueron nombrados cardenales. Después de cada una de las celebraciones, las fiestas con amigos y familiares se hicieron en el Regina Apostolorum. Lo mismo había sucedido cuando monseñor Dziwisz fue nombrado por el Papa obispo y prefecto adjunto de la Casa Pontificia, en 1998. En esa ocasión, estuvieron presentes tanto el Papa como el padre Maciel.

A las diversas recepciones siempre acudían alrededor de 500 personas, a veces más. En las últimas ya no estaba presente el padre Maciel, pero al final de las comidas amenizadas por la orquesta de los legionarios, que se encargaban de absolutamente todo y de ello hacían alarde, los festejados siempre le daban las gracias al fundador de la Legión.

Estos hechos no son por sí mismos sinónimo de complicidad o encubrimiento. Sencillamente, reflejan, por un lado, la estima y el aprecio del que gozaba Maciel y, por el otro, la generosidad de éste con los colaboradores del

Papa. La combinación de ambas podría haber tenido como resultado la ceguera ante las acusaciones en su contra. Hay quienes dentro de la curia creen en la absoluta buena fe de este hombre; otros la cuestionan sin titubeos, aunque no abierta y oficialmente.

La verdadera pregunta a la que no muchas personas pueden contestar con plena seguridad es si esta relación cercana interfirió con la justicia. Es el interrogante que se plantea, por ejemplo, el conocido y acreditado vaticanista Marco Politi, autor de varios libros sobre Juan Pablo II, entre ellos el que escribió con Carl Bernstein, *Su Santidad: la historia de nuestro tiempo.*

Según Politi, es absolutamente necesario cuestionarse acerca de lo que sucedió en la curia durante los años ochenta y noventa en lo que se refiere a los escándalos de abusos sexuales. Hay un indicio, me comentó, representado por las acusaciones que en la primavera del 2010 el cardenal Shoenburn, arzobispo de Viena, le hizo al llamado partido de la diplomacia, es decir, la Secretaría de Estado, y por lo tanto al cardenal Sodano, por haber bloqueado las investigaciones sobre su predecesor, el cardenal Groer. De acuerdo con el acreditado vaticanista, que siguió todo el pontificado de Juan Pablo II, el Papa, concentrado en grandes objetivos geopolíticos y proyectado en grandes iniciativas proféticas, dependía mucho de las informaciones que le hacían llegar sus colaboradores.

"Es un hecho incontrovertible que Juan Pablo II tenía una idea muy alta del sacerdocio; en varias ocasiones afirmó que los que cometían abusos dentro de la Iglesia eran unos judas. En su carta a los sacerdotes en ocasión del Jueves Santo del 2002, el Papa se refirió con mucha dureza a la traición de los sacerdotes pedófilos; en Toronto, en la Jornada Mundial de la Juventud, dijo ante centenares de miles de jóvenes que se avergonzaba por esa traición."

De aquí, según Politi, que haya que hacerse varias preguntas: ¿De qué manera le informaron el secretario de Estado y su secretario particular?; ¿le restarían todo fundamento a las acusaciones?

"Creo que el cardenal Sodano y el cardenal Dziwisz son figuras centrales en lo que se refiere a la información, de este y de muchos otros casos más."

La otra pregunta que se hace el vaticanista es: "El cardenal Ratzinger, a quien el Papa estimaba muchísimo y tenía acceso a él una vez por semana, ¿le habrá dicho o no que tenía evidencias de la culpabilidad de Maciel y que quería investigar?" "En caso de que haya renunciado a hablar del tema con él, ¿por qué lo haría?"

Según Marco Politi, las fuertes resistencias a hacer limpieza presentes en la curia quedaron evidenciadas incluso después de la elección de Benedicto XVI, en el primer comunicado en el que se le pedía al fundador de la Legión que se retirara a vida privada. De acuerdo con el también autor de *Papa Wojtyla: el adiós*, el cardenal Sodano y el cardenal Dziwisz "deben dar respuestas públicas y absolutamente transparentes, porque sí fueron figuras centrales".

En su opinión, que sobre todo al principio del pontificado fue crítico al referirse a Juan Pablo II, "el caso Maciel y otros temas, como la actitud del Papa hacia los teólogos de la liberación, no opacan la percepción de grandeza que hombres creyentes y no creyentes de todo el mundo tienen del Papa polaco, porque son sólo piezas del complejo y rico mosaico que fue su vida, una vida que influyó fuertemente en la Iglesia y en el mundo".

Las diversas investigaciones llevadas a cabo tanto por los periodistas estadounidenses como por los vaticanistas italianos y por mí misma coinciden en que la situación cambió a finales del 2004, en ocasión del 60 aniversario de la ordenación sacerdotal del padre Maciel, en la que participaron las más destacadas personalidades de la curia. El 25 de noviembre de 2004 fueron ordenados sacerdotes 59 diáconos legionarios de Cristo, en la Basílica de Santa María la Mayor. La ceremonia fue presidida por el cardenal Franc Rodé, prefecto de la Congregación para los Religiosos, considerado "un gran amigo" de la Legión, quien le agradeció al padre Maciel su "fidelidad sacerdotal" y sus frutos, representados por esos jóvenes. También hubo una solemne misa en la Basílica de San Pablo extramuros, en la que el padre Maciel celebró con 500 sacerdotes legionarios. Asistieron varios cardenales, pero fue muy notoria la ausencia del cardenal Joseph Ratzinger y de monseñor Amato, secretario de la Congregación para la Doctrina de la Fe.

El momento culminante de esta celebración fue la audiencia que el Papa le concediera a Maciel y a la Legión, en el aula Paulo VI. La decadencia física de Juan Pablo II quedó bajo reflectores. Apenas pudo pronunciar unas palabras. En su discurso, leído por el regente de la Prefectura de la Casa Pontificia, Juan Pablo II elogió los dones recibidos del Señor por el padre Maciel durante sus 60 años de ministerio sacerdotal. Al final de la audiencia, éste se arrodilló frente al Papa, que lo saludó con cariño. Esta foto dio la vuelta al mundo y es la que inevitablemente acompaña todas las notas en las que se acusa a Juan Pablo II de encubridor. 🐞

En entrevista con Noticieros Televisa, el padre Álvaro Corcuera reconoció que esa celebración fue un grave error, aunque aclaró que, de haber estado todos conscientes del fundamento de las acusaciones, no se habrían expuesto de esa manera. Resulta impensable, según el propio Corcuera, que, de haber sabido la verdad, el Papa se hubiera prestado a semejante espectáculo. Un prelado muy cercano al departamento pontificio, que pidió guardar el anonimato, me comentó que de parte de los colaboradores de Juan Pablo II se trató de una "demostración de fuerza" antes de la tempestad que se veía venir. "Exageraron, se les fue la mano y no midieron las consecuencias, sobre todo en relación con la aberrante situación en la que dejaron al Papa, que ya estaba en la última fase de su vida. Fue como una patada de ahogado de su parte."

Las reconstrucciones que hemos podido hacer sobre este tema nos inducen a afirmar que la celebración del 60 aniversario de la Legión fue la gota que derramó el vaso, y que representó para ésta la verdadera Waterloo. Esta reconstrucción relaciona además el choque vivido por Juan Pablo II con el repentino empeoramiento de su estado de salud, que lo llevó a la primera hospitalización, el primero de febrero de 2005, y luego a la segunda, el 24 de febrero de ese mismo año, para ser sometido a una traqueotomía que le dejó para siempre sin habla.

En la entrevista que en marzo del 2010 le hice al padre Álvaro Corcuera, le pregunté repetidamente si el padre Maciel se había retirado o "había sido retirado" por Juan Pablo II tras enterarse de que las acusaciones contra él no eran ningún complot. El director de los legionarios evadió una y otra vez la pregunta, y se limitó a contestar que el capítulo general estaba previsto para enero del 2005, y que ahí el padre Maciel pidió que no lo reeligieran. Al cabo de ocho días de ejercicios espirituales y una larga oración, iniciaron las votaciones en las que él salió electo.

Resulta poco verosímil, conociendo la personalidad altiva y soberbia de Maciel, el haber aceptado renunciar al mandato absoluto de su congregación, orden donde era más que venerado y querido; menos verosímil aun para un hombre que adoraba los eventos fastuosos, el protocolo y el culto a la personalidad, que hubiera aceptado un retiro silencioso, a la sombra, casi por la puerta de atrás, en vez de una despedida por todo lo alto. Lo que es un hecho es que el cardenal Ratzinger le pidió a monseñor Charles Scicluna, promotor de justicia de la Congregación para la Doctrina de la Fe, que se encargara del caso Maciel. El 2 de diciembre de 2004, es decir dos días después de la audiencia concedida por el Papa a Maciel y a la Legión, la abogada de la Santa Sede para el foro canónico, Martha Wegan, pidió por escrito a Arturo Jurado, José Barba Marín y Juan Vaca si tenían la intención de confirmar su pedido de proceso canónico. Los tres contestaron que sí. En diciembre del 2005, por lo tanto, monseñor Scicluna inició la investigación preliminar.

Es sabido que durante sus hospitalizaciones, Juan Pablo II decidió confiarle al cardenal Ratzinger las meditaciones del viacrucis al que asistiría desde su capilla, de espaldas, con un crucifijo en las manos. El 25 de marzo, en Mundovisión, en transmisión desde el Coliseo, se escuchó la fuerte denuncia del prefecto de la Congregación para la Doctrina de la Fe, quien dijo sorpresivamente: "cuánta suciedad dentro de la Iglesia y entre los que, por su sacerdocio, deberían estar completamente entregados a él". El cardenal se refirió a la Iglesia como "a un barco que se hunde y hace agua por todas partes". Los que conocen bien al actual Papa y a su predecesor me han asegurado que Juan Pablo II sabía y compartía lo que Ratzinger iba a decir el Viernes Santo e intuía que ese comentario tan duro le abriría las puertas de la Capilla Sixtina, para que entrara como cardenal y saliera como Papa.

Monseñor Scicluna, mientras tanto, salió de Roma para comprobar las acusaciones contra Maciel. El 2 de abril de 2005, día en el que murió Juan Pablo II, se encontraba en Nueva York para escuchar a Juan Vaca y otros ex legionarios. Viajó luego a México y, además de entrevistarse con varios de los acusadores, descubrió más casos. Hacia la mitad de abril volvió a Roma. En esta fase, en la que Juan Pablo II ya había muerto, fue cuando quedó más claro que nunca que Maciel contaba con grandes apoyos dentro del Vaticano.

El trabajo de la Congregación de la Doctrina de la Fe, sin embargo, continuó su curso. El cardenal Ratzinger, mientras tanto, se había vuelto Benedicto XVI y tenía las ideas muy claras en cuanto a lo que deseaba hacer. El siguiente año, hacia el 18 de mayo de 2006, el vaticanista John Allen obtuvo la información de que el Vaticano le iba a pedir a Maciel que se retirara a la vida privada. Habló de ello con el portavoz vaticano Joaquín Navarro Valls, quien se reunió con el Papa para pedir que le confirmaran la información, e instrucciones acerca de su publicación. Varias fuentes me han dado de este encuentro versiones diferentes.

Lo que trascendió con más fuerza es que la Secretaría de Estado, aún encabezada por el cardenal Sodano, se opuso con vehemencia, hasta el final, a la publicación del comunicado. Lo que también trascendió es que había divergencias sobre el tono del mismo. Al final, teniendo en cuenta la edad y el estado de salud de Maciel, se optó por invitar el fundador de la congregación a retirarse a "una vida reservada de oración y penitencia, renunciando a todo ministerio público". Lo que quedó absolutamente claro fue la voluntad del Papa de publicar el comunicado.

Para las víctimas de los abusos se trató de un comunicado demasiado blando; para los conocedores de los tejemanejes del Vaticano, del inicio del fin de la etapa Maciel, con todo lo que esto significó. El cinismo, sin embargo, continuó vigente. Ese mismo día el padre Maciel reafirmó su inocencia y, "siguiendo el ejemplo de Jesús, decidió, como siempre, no defenderse de manera alguna".

Maciel murió a finales de enero del 2008. Seguía siendo para la mayoría de los legionarios, los miembros del *Regnum Christi* y sus benefectatores "el amado fundador" y, como siempre, "nuestro padre". Después de su muerte, salieron a la luz pública la segunda y tercera vida de Maciel, hecha no sólo de abusos, sino también de compañeras, esposas, hijos e incluso hijos violados. De acuerdo con todas las fuentes consultadas, de esta segunda y tercera vida el Vaticano no estaba enterado, pero sí algunos de los colaboradores más cercanos de Maciel. Ante esta situación, Benedicto XVI decidió enviar a la Legión a cinco visitadores: monseñor Ricardo Watty Urquidi, obispo de Tepic, quien durante 10 meses escuchó a centenares de legionarios, ex legionarios, consagradas, miembros del *Regnum Christi* e incluso a esposas e hijos de Maciel; a monseñor Charles Chaput, arzobispo de

Denver (Estados Unidos); a monseñor Ricardo Ezzoti Andrello, arzobispo de Concepción (Chile); a monseñor Giuseppe Versaldi, obispo de Alejandría (Italia); y a monseñor Ricardo Blázquez, de Bilbao (España).

Al final de la visita apostólica, en un durísimo comunicado sin precedentes, el Vaticano reconoció "los gravísimos y objetivamente inmorales comportamientos del padre Maciel", que se tradujeron a veces en "verdaderos delitos", y manifestaron "una vida sin escrúpulos ni auténtico sentimiento religioso". Según el Vaticano, gran parte de los legionarios desconocía esta vida que fue posible gracias al "sistema de relaciones construido por Maciel, que se supo crear hábilmente una cuartada, lograr confianza y silencio para reforzar su carisma".